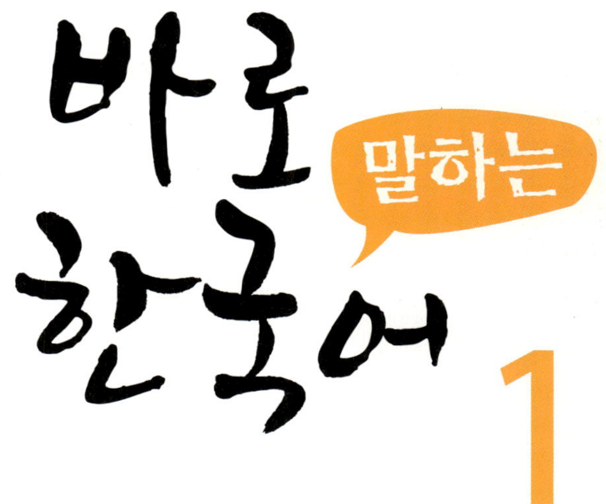

Get It Korean Speaking

이정희 | 김중섭 | 조현용 | Danielle O. Pyun | 박선희 | 장문정 | 조효정

Hawoo Publishing Inc.

머리말

　최근 한국어교육에서 가장 눈에 띄는 변화는 한국어 학습 수요 계층의 다양화라고 할 수 있습니다. 이러한 변화에 따라 다양한 학습자의 학습 목적과 요구에 따른 교재 개발이 필요하다고 생각하였고 학습자의 요구에 따라 언어 기능을 선택-집중하게 함으로써 학습자의 내적 동기를 강화하고 나아가 자기 주도적인 학습을 가능하게 하는 것을 목표로 이 교재를 개발하였습니다.

　한국어교육 현장에서 가장 널리 쓰이고 있는 기능(skills) 통합형 교재는 '말하기, 듣기, 읽기, 쓰기' 기능을 통합적으로 제시함으로써 효율적인 교수-학습을 유도하고 나아가 균형적이고 종합적인 언어 능력 발달을 이루는 것을 목표로 하고 있습니다. 그러나 실제 현장에서는 말하기와 듣기와 같은 구어 의사소통 능력을 지나치게 강조함으로써 읽기나 쓰기에는 충분한 시간을 할애하지 못하거나 읽기나 쓰기 기능은 말하기, 듣기 기능의 보조적인 기능으로서 인식되어 온 것이 사실입니다.

　한국어 기능 분리형 교재는 네 가지 언어 기능을 독립적으로 제시하여 학습자가 해당 언어 기능에 초점을 두고 언어가 사용되는 실제 환경에 몰입하여 해당 기능을 분명하게 이해하고 표현하는 데에 도움을 줄 것입니다. 또한 학습자의 학습 목적과 요구에 따라 언어 기능을 선택하고 집중하게 함으로써 좀 더 효과적인 한국어 학습을 가능하게 할 것입니다. 교수자의 측면에서는 그간 통합 교재에서 소홀히 여겨진 각각의 언어 기능에 대한 전문화된 교수 능력을 제고하게 될 것이며 나아가 기능별 언어 교육 전문가를 양성함으로써 국내외 한국어 교육의 새로운 전환점이 될 것으로 기대합니다.

　초급 단계에서의 한국어 기능 분리 교재는 처음 시도되는 바, 부족하거나 목표한 바를 충분히 담아 내지 못한 경우도 있을 것입니다. 언어 기능 분리를 시도하였으나 각 기능 간 유기적인 연계를 확보하기 위해 노력하였고 난이도, 빈도 등을 고려하여 문법과 어휘를 배열하였습니다. 특히 국립국어원에서 발간한 『국제통용 한국어 교육 표준 모형』에 기반하여 언어의 요소와 의미·기능을 배치하여 한국어 교육의 표준적인 내용을 담아내고자 하였습니다. 또한 기능(functions)과 주제가 단순히 나열되는 것이 아니라 순환되는 구조를 가지되 중복을 피하고자 노력하였습니다. 그리고 학습자의 학습에 대한 동기와 흥미가 유지될 수 있도록 사진, 삽화 등을 배열하는 데에도 각별히 신경을 썼습니다.

　총 30권의 책을 만들어낸 집필진들의 노력이 학습자와 교수자 모두에게 실질적인 도움이 되기를 바랍니다.

교재 집필진 일동

Preface

In recent years, the most noticeable change in Korean education has been the diversification of Korean learners' needs. Following to this change, we thought it was necessary to develop textbooks reflecting the learning objectives and needs of these varied learners. This textbook has been developed with the aim of strengthening the learner's internal motivation and further enabling self-directed learning by selecting and focusing on language skills based on the learner's needs.

In the recent past, with the popularity of the communicative language teaching approach, Korean educators placed heavy emphasis on oral communication and somewhat neglected reading and writing skills. In these volumes, we aim to help learners develop four language skills in a balanced manner.

While we take an integrated approach to the four language skills, the materials are presented in separate language areas in order to shape our materials to our students' specific language needs. Learners lacking in any one of the language skill areas will be able to focus their language study on the areas of their need. We tried to separate the language skills, but at the same time we tried to secure an organic link between each skill. Grammar and vocabulary are presented progressively based on frequency of use and the level of difficulty. The language elements, functions, and tasks are created in reference to the International Standard of Teaching Korean as a Foreign Language published by the National Institute of the Korean Language.

These functionally separated Korean language textbooks present four language skills independently to help learners focus on the language skill and immerse themselves in the authentic environment in which the language is spoken. This helps learners clearly understand and use the skills presented. It will also enable more effective Korean learning by selecting and focusing on language skills based on learners' objectives and needs. From the teachers' perspective, we expect to improve specialized teaching ability for each language skill, which has been neglected in the integrated textbook. Furthermore, it will create a new turning point in Korean language education at home and abroad by training language education experts in teaching each language skill.

On the cutting edge of KFL (Korean as a Foreign Language) education, we will continue to improve and adapt our materials in order to maintain our high standard of teaching the Korean language.

We hope that the authors' efforts to create a total of 30 books can help both learners and teachers improve their skills.

Sincerely,
The textbook authors

일러두기 How to Use This Book

이 책은 언어 기능(skills) 분리형 교재 중 '말하기' 1단계 교재이다. 초급 단계 한국어 학습자의 생존에 필요한 최소한의 언어 기능(function)과 표현(expression)을 맥락(context) 내에서 이해하고 사용할 수 있도록 구성하였다. 이를 통해 한국어로 이루어지는 의사소통에 대한 두려움을 없애고 친숙하고 개인적인 맥락에서 자신과 자신의 주변에 대해 말할 수 있도록 하는 것을 목표로 하였다.

As part of the *Get It Korean* series, this volume is a beginning-level textbook focusing on speaking skills. This volume provides a range of language functions and expressions essential to daily living along with their contexts of use. It is designed to help learners perform simple tasks and communicate on familiar topics.

말하기 교재의 단원은 '도입 ➡ 본 단원(Part1, Part2) ➡ 표현 ➡ 발음 ➡ 생각해 봅시다'로 이루어져 있다.

Each unit of this volume is presented in the following sections: Introduction ➡ Core Content (Part 1, Part 2) ➡ Expressions ➡ Pronunciation ➡ Let's Think!

도입

학습 목표에서는 해당 단원의 언어 기능과 주제에서의 핵심적인 표현을 제시함.
Study Objectives The objective of each chapter is that the learner be able to utilize the language functions and main expressions of the chapter.

학습에 대한 성취감을 느낄 수 있도록 10개의 단원을 계단으로 이미지화 하였음.
For a sense of progress and accomplishment, progress through the ten chapters is shown in the ladder image.

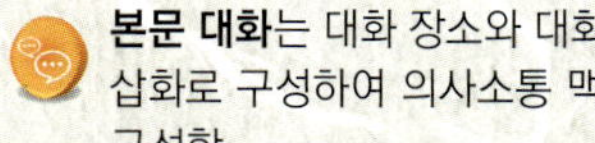
도입 사진 도입은 사진과 함께 대화의 장면을 제시하여 해당 단원의 학습 내용을 예측해 볼 수 있도록 구성함.
Introduction pictures Pictures relevant to the unit material are provided to encourage and motivate learners to predict the upcoming chapter content.

본 단원

준비 단계는 어휘, 구나 절, 문장 단위의 표현 연습으로 맥락이 내포된, 장면 중심으로 구성함.
Preparatory Stage Vocabulary, phrases and clauses, and expressions are presented in context.

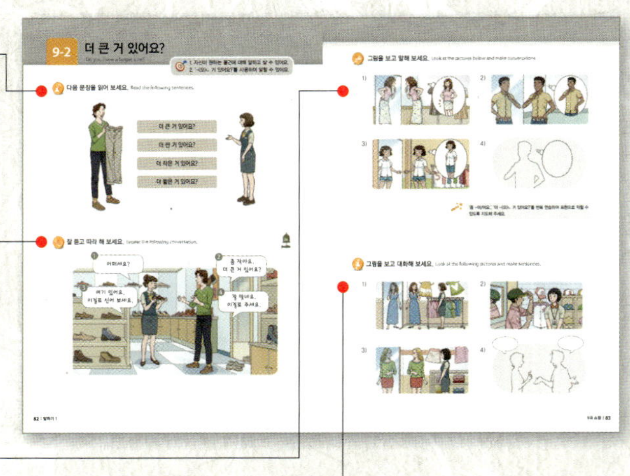

본문 대화는 대화 장소와 대화 참여자 정보를 사진과 삽화로 구성하여 의사소통 맥락을 확인할 수 있도록 구성함.
Unit Dialogue Information on the locations and characters of the dialogue is presented in pictures or illustrations to help set the communicative context.

문장 단위 연습은 해당 단원의 언어 기능에서 핵심적인 표현을 반복적으로 연습하도록 구성함.
Sentence Practice Repeated practice of key expressions pertaining to the language functions of the chapter is offered.

담화 단위 연습으로 핵심 표현을 사용하여 하나의 완성된 담화 단위의 발화를 할 수 있도록 구성함.
Dialogue Practice Further dialogue practice is offered to help learners utilize the key expression of the chapter at the discourse level.

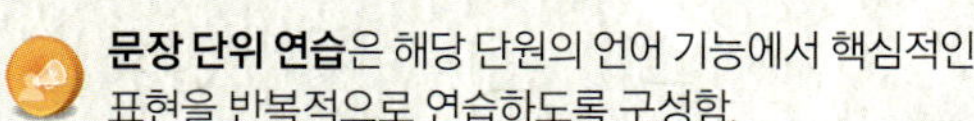

표현
Expressions

표현은 본 단원에서 학습한 핵심 표현과 의미적으로 유사한 확장 표현을 학습할 수 있도록 구성함.
Expressions The learner will be able to use key expressions and other expressions with similar meanings.

한국적인 문화 배경에 대한 이해가 필요한 표현이나 구어체를 제시하여 실제 대화에 참여할 때 사용하여 다양한 발화와 반응을 할 수 있도록 구성함.
Colloquial expressions as well as expressions that require cultural understanding are provided so that the learner may participate in dialogue with appropriate speech and speech reactions.

해당 단원의 말하기 목표를 달성하기 위해 필요한 연습이나 설명이 무엇인지를 교사에게 명시적으로 제시함.
Essential practice and explanations are made clear to the instructor so that learners may attain the intended oral proficiency of the unit.

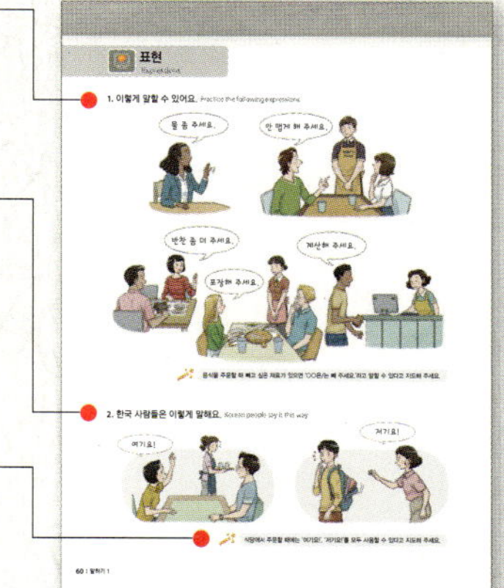

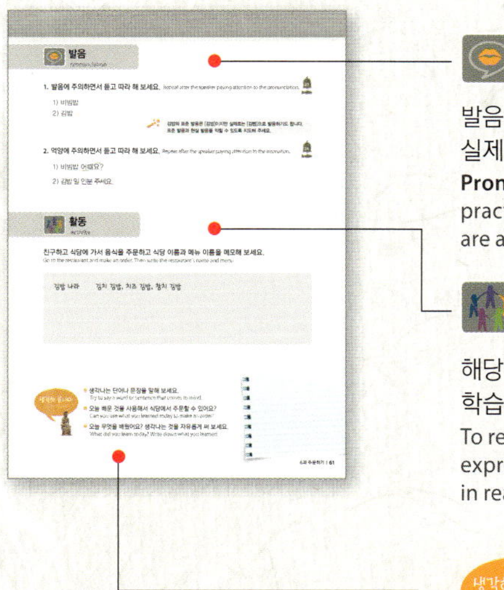

발음
Pronunciation

발음은 문장 단위로 제시하여 발음, 억양, 강세를 연습할 수 있도록 구성함. 언어의 실제성을 고려–현실음도 일부 제시함.
Pronunciation Examples are presented at the sentence level so that learners can practice pronunciation along with intonation and stress. Colloquial pronunciations are also provided.

활동
Activity

해당 단원에서 학습한 표현을 실제 언어 사용의 장으로 확대할 수 있도록 구성함. 학습자가 실제로 발화한 내용을 간략히 메모하여 확인, 점검할 수 있도록 구성함.
To reinforce the lesson content, learners are encouraged to apply learned expressions to the real world. The learner can make notes of what he or she uttered in real-life situations.

학습자 스스로 성취 목표를 재확인하고 자신의 학습 상태를 점검하도록 구성함. 어휘, 구나 절, 문장 단위로 학습한 내용을 발화해 보고 메모하여 확인, 점검할 수 있도록 구성함.
The learner may confirm their progress. They may try articulating vocabulary, phrases, clauses, and sentences, and make notes as they deem necessary.

부록 Appendices

부록은 〈모범 대화〉, 〈듣기 지문〉, 〈어휘 색인〉, 〈표현 색인〉으로 구성하였다. 〈모범 대화〉에서는 그림을 보고 상황에 맞게 발화하는 연습 활동의 모범적인 대화의 예를 제시함으로써 학습자들 스스로 자신의 발화를 확인할 수 있도록 구성하였다. 〈듣기 지문〉에서는 본문에 나온 대화들을 듣고 따라 할 수 있도록 하였다. 〈어휘 색인〉과 〈표현 색인〉에서는 본문에 출현한 어휘과 표현들을 가나다 순서대로 제시하고 번역을 함께 제시하여 초급 단계 학습자의 어휘에 대한 이해와 표현의 사용을 돕고자 하였다.
The appendices sections are as follows: <Sample Dialogue> <Listening Script> <Vocabulary Index> <Expression Index> In the <Sample Dialogue> section a sample dialogue accompanies a corresponding picture giving learners the opportunity to monitor their own speech production. The <Listening Script> provides students with the opportunity to speak along with the chapter dialogue. The <Vocabulary Index> and the <Expression Index> list the words and expressions from the text in alphabetical order with translation for ease of use by beginning learners.

교재 구성표

단원		단원명	과제	문법
1	인사하기	안녕하세요	인사하기	인사 표현
		저는 빌리예요	이름 말하기	이에요/예요
2	소개하기 1	미국에서 왔어요	출신지 말하기	에서 왔어요
		이태원에 살아요	사는 곳 말하기	에 살아요
3	소개하기 2	이 사람은 제 친구예요	친구 소개하기	지시어 '이'
		형은 뉴욕에 있어요	가족 소개하기	에 있어요/계세요
4	묻고 답하기	취미가 뭐예요?	취미 묻고 답하기	무슨
		주말에 뭐 했어요?	주말에 한 일 묻고 답하기	에 가다 –았/었–
5	약속하기	명동에 같이 갈까요?	제안하기	–(으)ㄹ까요?
		세 시에 만나요	시간과 장소 정하기	에 에서
6	주문하기	한국 음식을 먹고 싶어요	먹고 싶은 것 말하기	어때요? –고 싶다
		불고기버거하고 치킨버거 주세요	음식 주문하기	하고
7	계획하기	제주도에 갈 거예요	계획 말하기	–(으)ㄹ 거예요 하고
		등산을 안 좋아해요	여행지에서 하는 일 말하기	안 –고
8	이유 말하기	어젯밤부터 아팠어요	증상 설명하기	부터
		배탈이 나서 못 왔어요	이유 설명하기	–아서/어서 못
9	쇼핑하기	한번 신어 봐도 돼요?	물건 사기	–아/어 봐도 돼요?
		더 큰 거 있어요?	요청하기	–(으)ㄴ 거 있어요?
10	부탁하기	사진 좀 찍어 주세요	도움 요청하기 1	–아/어 주세요 –(으)ㄹ까요?
		좀 도와줄 수 있어요?	도움 요청하기 2	도와줄 수 있어요?

발음	어휘	문화
[이에요], [예요]	인사와 이름 관련 어휘	높임말 1
연음	국가 이름과 지역 이름 관련 어휘	인사법
평서문, 단순 의문문의 억양	가족 관련 어휘	높임말 2
[뭐], 연음	취미 관련 어휘	좋고 싫음에 대한 표현
연음	장소 관련 어휘	수와 관련된 비언어행위
경음화 1	음식 관련 어휘	식당에서 사용하는 여러 가지 표현
ㅎ약화	여행 관련 어휘	감탄사의 억양
경음화 2	증상 관련 어휘	안부를 묻고 답하는 방법
끊어 읽기	쇼핑 관련 어휘	쇼핑할 때 사용하는 여러 가지 표현
경음화 3	일상생활 관련 어휘	삽입어

Table of Contents

차례 Contents

등장인물 소개 Characters

Park Jihun(박지훈)

Jihun is Billy's language partner(도우미). He is a student at Kyung Hee University and helps Billy with studying Korean and living in Korea.

Daniel(다니엘)

Daniel is from France. He is also studying Beginning Korean. He likes to go shopping because he is interested in fashion.

Billy(빌리)

Billy is from the U.S.A. He is studying Beginning Korean and interested in Korean language and culture.

Jose(호세)

Jose is from Mexico. He is studying Beginning Korean and interested in sports.

Jeong Yujin(정유진)

Yujin is Lisa's Korean friend. She is a student at Kyung Hee University and likes to introduce Korean culture to her foreign friends.

Lisa(리사)

Lisa is from Japan. She is studying Beginning Korean, and she lives in a boarding house near school. She has many friends because of her nice personality.

Nataporn(나타폰)

Nataporn is from Thailand. She is studying Beginning Korean and likes to watch Korean dramas.

Olga(올가)

Olga is from Russia. She is studying Beginning Korean in Korea because she has a Korean boyfriend.

Khalid(칼리드)

Khalid is from Saudi Arabia. He is studying Beginning Korean and plans to major in engineering.

Wang Ming(왕밍)

Wang Ming is from China. She is studying Beginning Korean and interested in traditional Korean culture.

Chris(크리스)

Chris is from Australia and he is an English teacher in Korea. He is outgoing, humorous, and interested in Korean language and culture.

Kim Suhyeon(김수현)

Suhyeon is a Korean teacher. She is very kind and many students like her.

Lee Minho(이민호)

Minho is a Korean teacher. He enjoys teaching and likes his students very much.

Choi Suji(최수지)

Suji works for the same company as Jessica and Kahn. She has many foreign friends because she studied abroad for a number of years.

Khan(칸)

Khan is from India and works for the same electronics company as Jessica. His hobby is mountain cilmbing.

Jessica(제시카)

Jessica is from the U.S.A. She works for an electronics company and lives in a boarding house with Lisa. She likes to travel.

01 인사하기

1-1

안녕하세요

Hello

인사 표현을 사용하여 말할 수 있어요.
You will be able to use greeting expressions.

1-2

저는 빌리예요

I am Billy

자신의 이름을 말할 수 있어요.
'이에요/예요'를 사용하여 말할 수 있어요.
You will be able to say your name.
You will be able to use the '이에요/예요' form.

안녕하세요
Hello

 다음 문장을 읽어 보세요. Read the following sentences.

1) 안녕하세요.　　2) 안녕.　　3) 고마워요.　　4) 죄송해요.

 잘 듣고 따라 해 보세요. Repeat the following conversations.

01

 **그림을 보고 상황에 맞게 인사해 보세요.** Look at the pictures below and make conversations.

한국어의 인사말은 대화 참여자와 상황 맥락에 따라 달라진다는 것을 지도해 주세요.

그림을 보고 대화해 보세요. Look at the pictures below and make conversations.

저는 빌리예요
I am Billy

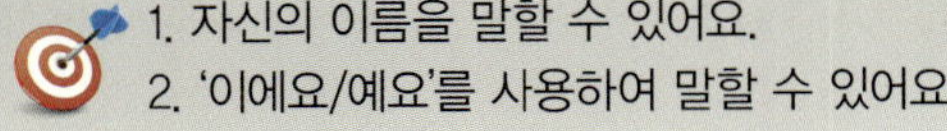

 **다음 이름을 읽어 보세요.** Read the following names.

빌리

리사

다니엘

칼리드

지훈

 **잘 듣고 따라 해 보세요.** Repeat the following conversation.  02

이름을 말해 보세요. Make conversations.

1)

2)

3)

4)

학습자가 이름 말하기에 익숙해질 수 있도록 반복 연습시켜 주세요. 그리고 마지막 연습은 짝 활동입니다. 짝이 되는 친구와 이름을 말해 볼 수 있도록 지도해 주세요.

친구들과 인사하고 이름을 말해 보세요. Greet your classmates and introduce yourself.

교실 친구들에게 인사를 하고 이름을 말해 보도록 지도해 주세요.
그리고 '반가워요.' 정도로 마무리할 수 있도록 해 주세요.

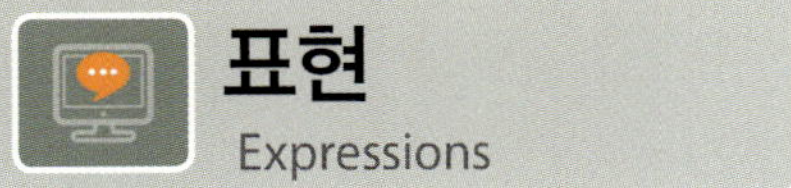

표현
Expressions

1. 이렇게 말할 수 있어요. Practice the following conversation.

헤어질 때 친구들끼리는 '안녕.'이라고 할 수 있다고 지도해 주세요.

2. 한국 사람들은 이렇게 말해요. Korean people say it this way.

다른 사람의 이름을 물어볼 때에는 '이름이 뭐예요?'라고 묻고 처음
만난 사람이나 공식적인 자리에서 만난 사람 그리고 나이가 많은
사람에게는 '성함이 어떻게 되세요?'라고 질문한다고 지도해 주세요.

발음
Pronunciation

1. 발음에 주의하면서 듣고 따라 해 보세요. 
Repeat after the speaker paying attention to the pronunciation.

1) 저는 리사예요.

2) 저는 나타폰이에요.

2. 끊어 읽기에 주의하면서 듣고 따라 해 보세요. 
Repeat after the speaker paying attention to where to pause.

1) 저는 ∨ 리사예요.

2) 저는 ∨ 나타폰이에요.

활동
Activity

주변 사람들과 인사를 하고 이름을 말해 보세요. 누구와 인사를 하고 이름을 말했습니까? 그 사람의 이름을 써 보세요.
Greet the people around you and tell them your name. What are their names? Write their names down.

● 생각나는 단어나 문장을 말해 보세요.
Try to say a word or sentence that comes to mind.

● 오늘 배운 것을 사용해서 친구와 인사할 수 있어요?
Can you use what you learned to greet your friends?

● 오늘 무엇을 배웠어요? 생각나는 것을 자유롭게 써 보세요.
What did you learn today? Write down what you learned.

02 소개하기 1

Introducing Oneself

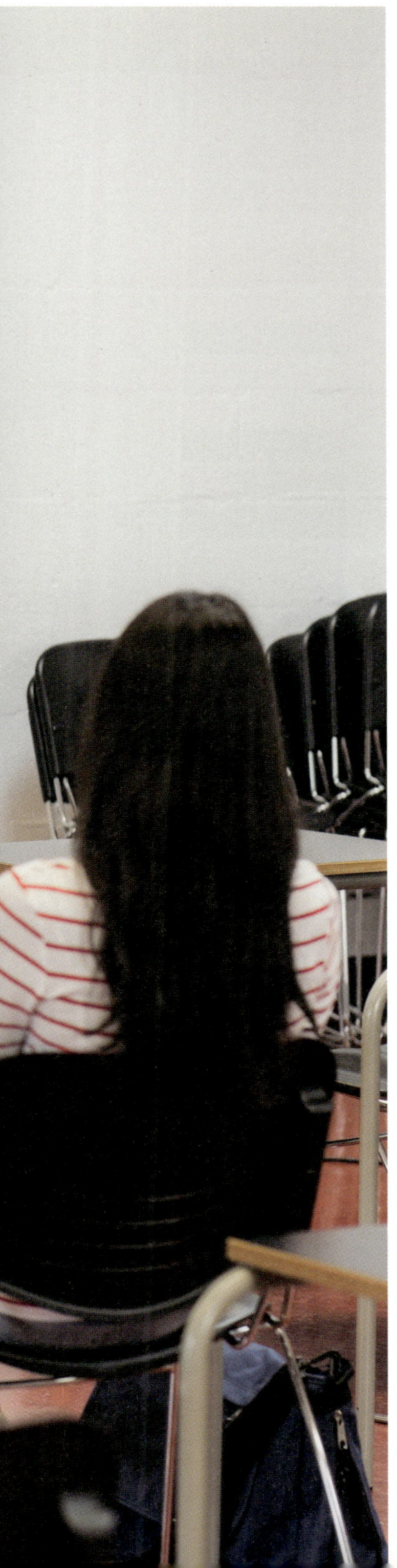

미국에서 왔어요

I am from the U.S.A.

자신을 소개할 수 있어요.
'에서 왔어요'를 사용하여 말할 수 있어요.
You will be able to introduce yourself to others.
You will be able to use the '에서 왔어요' form.

이태원에 살아요

I live in Itaewon

사는 곳을 말할 수 있어요.
'에 살아요'를 사용하여 말할 수 있어요.
You will be able to say where you live.
You will be able to use the '에 살아요' form.

미국에서 왔어요
I am from the U.S.A.

🎯 1. 자신을 소개할 수 있어요.
2. '에서 왔어요'를 사용하여 말할 수 있어요.

 다음 이름을 읽어 보세요. Read the following country names.

💬 잘 듣고 따라 해 보세요. Repeat the following conversation.

05

1)

2)

3)

4)

각각의 그림을 보고 '어디에서 왔어요?'하고 물으면
인물을 보고 국적을 말할 수 있도록 지도해 주세요.

 친구들과 인사하고 어디에서 왔는지 묻고 답해 보세요.
Greet your friends and ask where they are from.

이태원에 살아요
I live in Itaewon

동네 이름을 읽어 보세요. Read the following district names.

잘 듣고 따라 해 보세요. Repeat the following conversation.

06

 **그림을 보고 사는 곳을 말해 보세요.** Look at the picture and say where each person lives.

각각의 인물들을 보고 '○○ 씨는 어디에 살아요?'하고 물으면
인물을 보고 사는 곳을 말할 수 있도록 지도해 주세요.

 **친구들과 사는 곳을 묻고 대답해 보세요.** Ask your friend where they live and tell them where you live.

표현
Expressions

1. 이렇게 말할 수 있어요. Practice the following conversations.

사는 곳을 말할 때 지역을 대표하는 건물 이름을 사용하여 '(건물 이름) 근처에 살아요.'라고 말할 수 있다고 지도해 주세요. 그리고 주거 형태를 말할 때도 '(기숙사, 하숙집, 주택, 원룸, 아파트 등)에 살아요.'라고 말할 수 있다고 지도해 주세요.

2. 한국 사람들은 이렇게 말해요. Korean people speak this way.

한국은 한자 문화권에 속한 나라이기 때문에 나라 이름을 영어 원음 발음 외에 한자음으로 사용하는 경우(독일, 미국, 영국, 인도 등)가 있다고 알려 주세요.

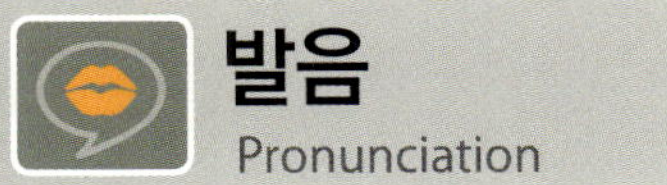

발음
Pronunciation

1. 발음에 주의하면서 듣고 따라 해 보세요. Repeat after the speaker paying attention to the pronunciation. 

1) 어디에서 왔어요?
2) 이태원에 살아요.

2. 억양에 주의하면서 듣고 따라 해 보세요. Repeat after the speaker paying attention to the intonation. 

1) 어디에서 왔어요?
2) 이태원에 살아요.

활동
Activity

주변 사람들과 이름, 국적, 사는 곳을 이야기하고 메모해 보세요.
Ask your friends their name, nationality and where they live and write them down.

인도에서 왔어요. 회기동에 살아요.

● 생각나는 단어나 문장을 말해 보세요.
Try to say words or sentences that come to mind.

● 오늘 배운 것을 사용해서 다른 사람에게 자기 자신을 소개할 수 있어요?
Can you introduce yourself to others using what you learned today?

● 오늘 무엇을 배웠어요? 생각나는 것을 자유롭게 써 보세요.
What did you learn today? Write down what you learned.

03 소개하기 2

Introducing Others

3-1

이 사람은 제 친구예요
This is my friend

친구를 소개할 수 있어요.
지시어 '이'를 사용하여 말할 수 있어요.
You will be able to introduce your friends.
You will be able to use the demonstrative '이'.

3-2

형은 뉴욕에 있어요
My elder brother lives in New York

가족을 소개할 수 있어요.
'에 있어요/계세요'를 사용하여 말할 수 있어요.
You will be able to introduce your family to others.
You will be able to use the '에 있어요/계세요' form.

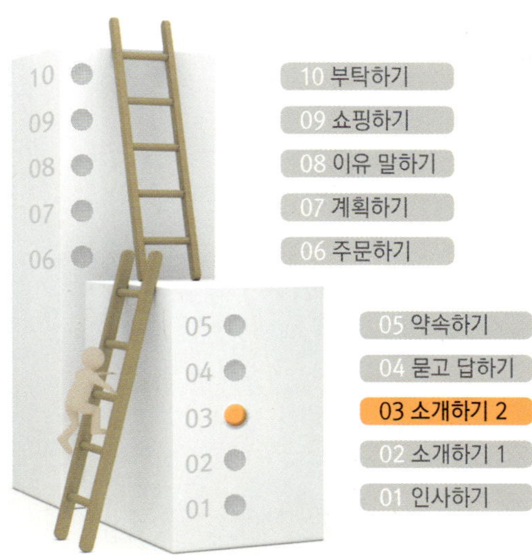

이 사람은 제 친구예요
This is my friend

다음 표현에 맞는 그림을 찾아보세요. Find the number that best describes the following sentence.

"제 친구예요."

잘 듣고 따라 해 보세요. Repeat the following conversation.

09

 **다음 사람을 친구에게 소개해 보세요.** Look at the pictures and introduce each person to your friend.

1) 리사
2) 호세
3) 올가
4) 나타폰
5) 칼리드
6)

이 연습은 '이 사람은 ○○이에요/예요. ○○에서 왔어요.'를 익히는 연습입니다. 한국인 친구를 다른 사람에게 소개할 때에는 '이 사람은 제 친구예요. 한국 사람이에요.'라고 말할 수 있다고 지도해 주세요.

그림을 보고 대화해 보세요. Look at the pictures and make conversations.

1) 안나(러시아)   정유진(한국)
2) 마리아나(멕시코)   칸(인도)
3) 박지훈(한국)   리사(일본)
4)

대화 참여자는 모두 세 명으로 한 사람이 두 사람을 소개하는 활동입니다. 세 명이 한 조가 되어 연습을 할 수 있도록 지도해 주세요.

형은 뉴욕에 있어요
My elder brother lives in New York

1. 가족을 소개할 수 있어요.
2. '에 있어요/계세요'를 사용하여 말할 수 있어요.

빈칸에 알맞은 것을 쓰고 읽어 보세요. Fill in the blanks below.

잘 듣고 따라 해 보세요. Repeat the following conversation.

10

 **친구에게 가족을 소개해 보세요.** Introduce your family to your friend.

1)
2)
3)
4)
5)
6)

 '이 사람은 누구예요?'를 사용하여 질문할 수 있도록 지도해 주세요. 자신보다 나이가 많은 사람을 소개할 때에는 '어머니세요.', '부모님이세요.'라고 말할 수 있도록 지도해 주세요.

휴대폰에 있는 가족사진을 보고 친구와 이야기해 보세요.
Show your family photo to your friends and talk about your family.

표현
Expressions

1. 이렇게 말할 수 있어요. Practice the following expressions.

한국 사람들은 가족을 소개할 때 '우리 가족', '우리 할머니'라고도 말한다고 설명해 주세요.
그리고 집을 말할 때에도 '우리 집'이라고 말하는 것도 함께 설명해 주세요.

2. 한국 사람들은 이렇게 말해요. Korean people say it this way.

한국 사람들은 자신보다 나이가 많은 사람을 소개할 경우 '이 사람'을 쓰지 않고 '이 분'이라고 한다고 설명해 주세요.
그리고 같은 경우에 '할머니세요.', '부모님이세요.'라고 높여 말한다고 함께 설명해 주세요.

발음
Pronunciation

1. 잘 듣고 맞는 것을 고르세요. Listen carefully and choose the correct one.

1) ☐ 남동생이에요. ☐ 남동생이에요?

2) ☐ 미국에 있어요. ☐ 미국에 있어요?

2. 억양에 주의하면서 듣고 따라 해 보세요. Repeat after the speaker paying attention to your intonation.

1) 남동생이에요?

2) 남동생이에요.

활동
Activity

여러분의 친구나 가족을 주변 사람에게 소개해 보세요. Introduce your family or friends to others.

제 부모님이세요. 우리 형이에요. 미국에 있어요.

● 생각나는 단어나 문장을 말해 보세요.
  Try to say a word or sentence that comes to mind.

● 오늘 배운 것을 사용해서 친구나 가족을 소개할 수 있어요?
  Can you use what you have learned to introduce your friends and family?

● 오늘 무엇을 배웠어요? 생각나는 것을 자유롭게 써 보세요.
  What did you learn today? Write down what you learned.

04 묻고 답하기

Asking and Answering

4-1

취미가 뭐예요?

What is your hobby?

자신의 취미를 말할 수 있어요.
'무슨'을 사용하여 질문할 수 있어요.
You will be able to talk about your hobbies.
You will be able to use '무슨'.

4-2

주말에 뭐 했어요?

What did you do last weekend?

주말에 한 일을 말할 수 있어요.
'에 가다', '-았/었-'을 사용하여 말할 수 있어요.
You will be able to say what you did last weekend.
You will be able to use the '에 가다' and '-았/었-' forms.

취미가 뭐예요?

What is your hobby?

 다음을 읽어 보세요. Read the following.

 잘 듣고 따라 해 보세요. Repeat the following conversation.

 그림을 보고 취미를 말해 보세요. Look at the pictures and make conversations.

1)
요리

2)
축구

3)
게임

4)

✨ '취미가 뭐예요?'라는 질문에 '○○이에요/예요.'로 대답할 수 있도록 지도해 주세요.

친구들과 취미를 묻고 답해 보세요. Make conversations using the charts below.

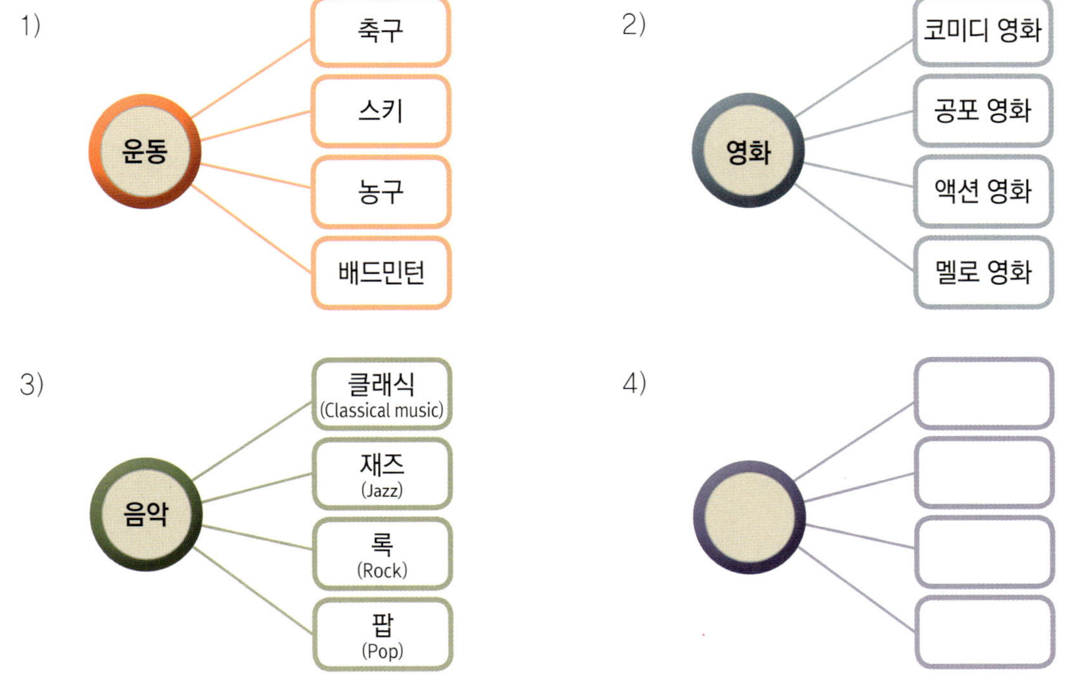

1)
운동
축구
스키
농구
배드민턴

2)
영화
코미디 영화
공포 영화
액션 영화
멜로 영화

3)
음악
클래식 (Classical music)
재즈 (Jazz)
록 (Rock)
팝 (Pop)

4)

주말에 뭐 했어요?
What did you do last weekend?

빌리가 주말에 무엇을 했어요? What did Billy do over the weekend?

잘 듣고 따라 해 보세요. Repeat the following conversation.

 그림을 보고 주말에 한 일을 말해 보세요. Look at the pictures below and make conversations.

1)

청소를 하다

2)

친구를 만나다

3)

공부를 하다

4)

 '주말에 뭐 했어요?'라는 질문에 대답할 수 있도록 지도해 주세요.

 친구들과 주말에 한 일을 묻고 답해 보세요.
Make conversations about your weekend using the pictures below.

1)

2)

3)

4)

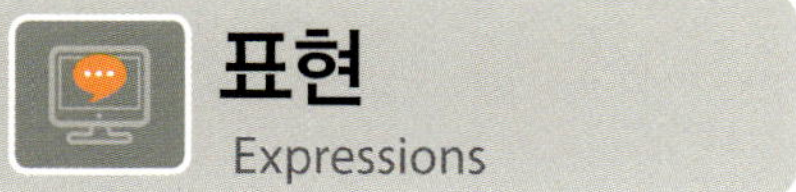

1. 이렇게 말할 수 있어요. Practice the following conversation.

2. 한국 사람들은 이렇게 말해요. Korean people say it this way.

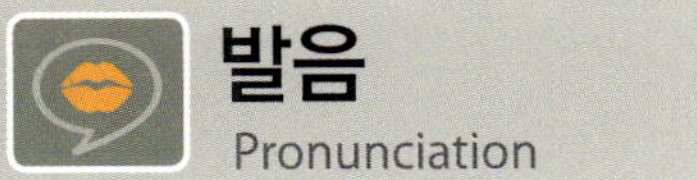

발음
Pronunciation

1. 발음에 주의하면서 듣고 따라 해 보세요. Repeat after the speaker paying attention to the pronunciation. 

1) 취미가 뭐예요?
2) 주말에 뭐 했어요?

'뭐'는 [뭐:]로 발음해야 하지만 [머]에 가깝게 들릴 수 있습니다.
표준 발음과 다르게 들리더라도 이해할 수 있게 도와주세요.

2. 억양에 주의하면서 듣고 따라 해 보세요. Repeat after the speaker paying attention to the intonation. 

1) 취미가 뭐예요?
2) 주말에 뭐 했어요?

활동
Activity

주변 사람들에게 주말에 한 일을 묻고 메모해 보세요.
What did your friends do over the weekend? Ask your friends and write their answers.

누가	언제	무엇
다니엘	토요일	한강 공원에 가다

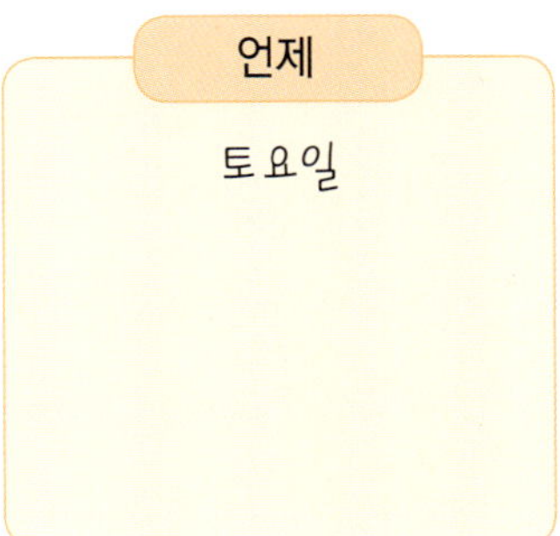
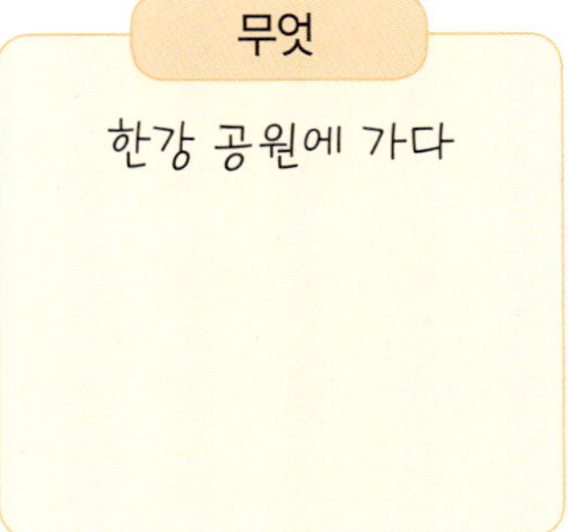

- 생각나는 단어나 문장을 말해 보세요.
  Try to say a word or sentence that comes to mind.

- 오늘 배운 것을 사용해서 친구와 취미에 대해 묻고 답할 수 있어요?
  Using what you learned today can you ask your friends what their hobby is and tell them your hobby?

- 오늘 무엇을 배웠어요? 생각나는 것을 자유롭게 써 보세요.
  What did you learn today? Write down what you learned.

05 약속하기
Appointment

5-1

명동에 같이 갈까요?

Shall we go to Myeongdong?

 어떤 일을 제안할 수 있어요.
'-(으)ㄹ까요?'를 사용하여 말할 수 있어요.
You will be able to make suggestions.
You will be able to use the '-(으)ㄹ까요?' form.

5-2

세 시에 만나요

Let's meet at 3 o'clock

약속 시간과 장소를 정할 수 있어요.
'에', '에서'를 사용하여 말할 수 있어요.
You will be able to make an appointment.
You will be able to use the '에' and '에서' forms.

명동에 같이 갈까요?
Shall we go to Myeongdong?

 다음 문장을 읽어 보세요. Read the following sentences.

인사동에 갈까요?

명동에 갈까요?

한강에 갈까요?

서점에 갈까요?

백화점에 갈까요?

커피숍에 갈까요?

 잘 듣고 따라 해 보세요. Repeat the following conversation.

 **다음 문장을 읽고 제안해 보세요.**
Read the following sentence and make a suggestion to your friends.

1) 책을 사고 싶어요.

2) 쇼핑을 하고 싶어요.

3) 영화를 보고 싶어요.

4) 운동화를 사고 싶어요.

5) 휴대폰을 사고 싶어요.

6) 머리를 자르고 싶어요.

 장소 이외에 '동대문, 명동, 용산' 등 지역 이름도 이야기할 수 있도록 지도해 주세요.

 **그림을 보고 대화해 보세요.** Look at the pictures below and make conversations.

1)

2)

3)

4)

세 시에 만나요
Let's meet at 3 o'clock

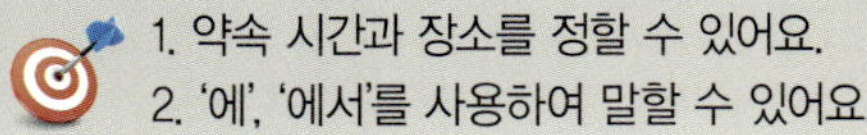

다음 표현에 맞는 그림을 찾아보세요. Match the following expression with the correct picture.

잘 듣고 따라 해 보세요. Repeat the following conversation.

 **그림을 보고 약속을 정해 보세요.**
Look at the pictures below and tell you friend the meeting time.

1)

2)

3)

4)

다음을 이용하여 약속을 해 보세요. Look at the lists below and make conversations.

시간	장소
3시	커피숍
7시	학교 앞
9시	회사 근처
점심시간	영화관
오후	명동
?	?

 '어디에서'는 말할 때 '어디서'라고도 말할 수 있다고 지도해 주세요.

표현
Expressions

1. 이렇게 말할 수 있어요. Practice the following conversation.

'오늘은 시간이 없어요.' 대신 '다른 약속이 있어요.'로 말할 수 있다고 지도해 주세요.

2. 한국 사람들은 이렇게 해요. Korean people do it this way.

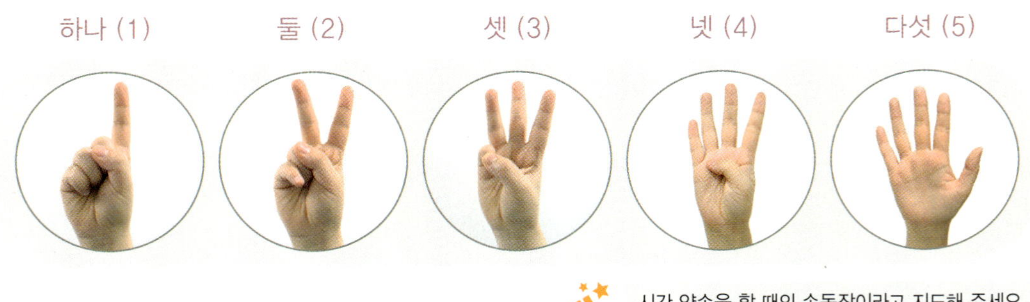

시간 약속을 할 때의 손동작이라고 지도해 주세요.

발음
Pronunciation

1. 발음에 주의하면서 듣고 따라 해 보세요. Repeat after the speaker paying attention to the pronunciation. 

  1) 명동에 같이 갈까요?

  2) 학교 앞에서 만나요.

2. 끊어 읽기에 주의하면서 듣고 따라 해 보세요. 
Repeat after the speaker paying attention to where to pause.

  1) 명동에 ∨ 같이 갈까요?

  2) 학교 앞에서 ∨ 만나요.

활동
Activity

주변 사람과 약속을 정해 보세요. 어떤 사람과 무슨 약속을 했습니까? 메모해 보세요.
Make an appointment with your friend or your Korean language partner. Then write about your conversation below.

도우미 박지훈   인사동에 갈까요?   2시에 회기역에서 만나요.

- 생각나는 단어나 문장을 말해 보세요.
  Try to say a word or sentence that comes to mind.

- 오늘 배운 것을 사용해서 친구와 약속을 정할 수 있어요?
  Can you use what you learned today to make plans with your friends?

- 오늘 무엇을 배웠어요? 생각나는 것을 자유롭게 써 보세요.
  What did you learn today? Write down what you learned.

06 주문하기

Ordering at a Restaurant

6-1

한국 음식을 먹고 싶어요

I want to eat Korean food

먹고 싶은 것을 이야기할 수 있어요.
'어때요?', '-고 싶다'를 사용하여 말할 수 있어요.
You will be able to say what you want to eat.
You will be able to use the '어때요?' and '-고 싶다' forms.

6-2

불고기버거하고 치킨버거 주세요

One Bulgogi burger and one chicken burger, please.

식당에서 음식을 주문할 수 있어요.
'하고'를 사용하여 말할 수 있어요.
You will be able to order food.
You will be able to use the '하고' form.

한국 음식을 먹고 싶어요
I want to eat Korean food

 다음을 읽어 보세요. Read the following names of foods.

 잘 듣고 따라 해 보세요. Repeat the following conversation.

 그림을 보고 먹고 싶은 것을 말해 보세요. Say what they want to eat using the pictures below.

1)

2)

3)

4)

 그림을 보고 대화해 보세요. Look at the pictures below and make conversations.

1)

2)

3)

4)

불고기버거하고 치킨버거 주세요

One Bulgogi burger and one chicken burger, please

1. 식당에서 주문할 수 있어요.
2. '하고'를 사용하여 말할 수 있어요.

 다음을 읽어 보세요. Read the following words.

1. 물	2. 컵	3. 반찬	4. 그릇	5. 접시
6. 음료	7. 메뉴판	8. 냅킨	9. 숟가락	10. 젓가락

제시된 단어 외에 학습자가 알고 싶어 하는 단어를 추가 제시해 주세요.

 잘 듣고 따라 해 보세요. Repeat the following conversation.

22

 **그림을 보고 주문해 보세요.** Make an order using the pictures below.

1)
비빔밥 한 그릇 + 김치찌개 이 인분

2)
칼국수 두 그릇 + 만두 일 인분

3)
갈비 육 인분 + 사이다 두 병

4)
떡볶이 이 인분 + 김밥 일 인분

그림을 보고 대화해 보세요. Look at the menus below and make conversations.

1. 이렇게 말할 수 있어요. Practice the following expressions.

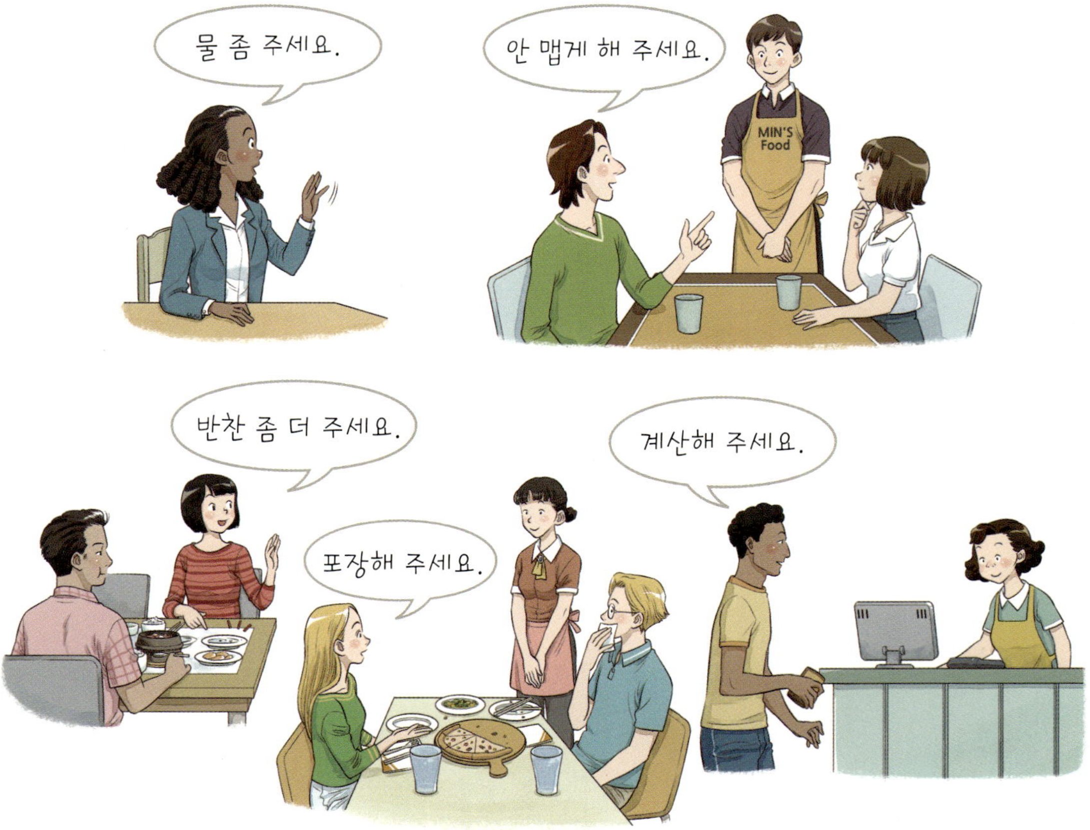

음식을 주문할 때 빼고 싶은 재료가 있으면 'ㅇㅇ은/는 빼 주세요.'라고 말할 수 있다고 지도해 주세요.

2. 한국 사람들은 이렇게 말해요. Korean people say it this way.

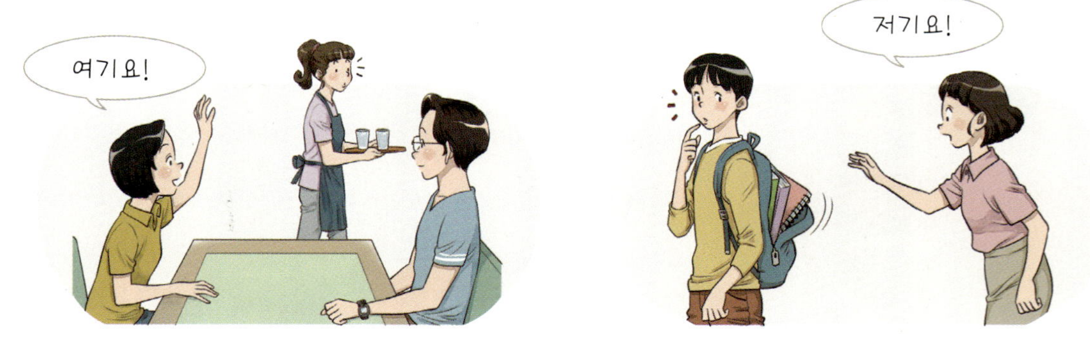

식당에서 주문할 때에는 '여기요!', '저기요!'를 모두 사용할 수 있다고 지도해 주세요.

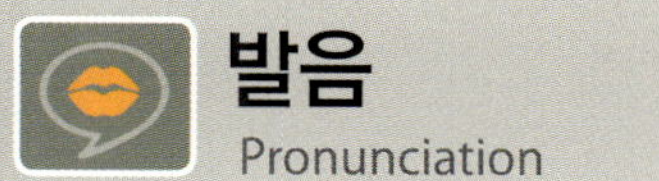

발음
Pronunciation

1. 발음에 주의하면서 듣고 따라 해 보세요. Repeat after the speaker paying attention to the pronunciation. 

1) 비빔밥

2) 김밥

 김밥의 표준 발음은 [김밥]이지만 실제로는 [김빱]으로 발음하기도 합니다. 표준 발음과 현실 발음을 익힐 수 있도록 지도해 주세요.

2. 억양에 주의하면서 듣고 따라 해 보세요. Repeat after the speaker paying attention to the intonation. 

1) 비빔밥 어때요?

2) 김밥 일 인분 주세요.

활동
Activity

친구하고 식당에 가서 음식을 주문하고 식당 이름과 메뉴 이름을 메모해 보세요.
Go to the restaurant and make an order. Then write the restaurant's name and menu.

김밥 나라　　김치 김밥, 치즈 김밥, 참치 김밥

● 생각나는 단어나 문장을 말해 보세요.
Try to say a word or sentence that comes to mind.

생각해 봅니다.
Let's think!

● 오늘 배운 것을 사용해서 식당에서 주문할 수 있어요?
Can you use what you learned today to make an order?

● 오늘 무엇을 배웠어요? 생각나는 것을 자유롭게 써 보세요.
What did you learn today? Write down what you learned.

07 계획하기

Making Plans

제주도에 갈 거예요

I will go to Jeju Island

자신의 계획에 대해 말할 수 있어요.
'–(으)ㄹ 거예요', '하고'를 사용하여 말할 수 있어요.
You will be able to share your plans with others.
You will be able to use the '-(으)ㄹ 거예요' and '하고' forms.

등산을 안 좋아해요

I don't like mountain climbing

여행지에서 하는 일에 대해 말할 수 있어요.
부정 표현 '안'과 '–고'를 사용하여 말할 수 있어요.
You will be able to talk about activities on your trip.
You will be able to use the '안' and '-고' forms.

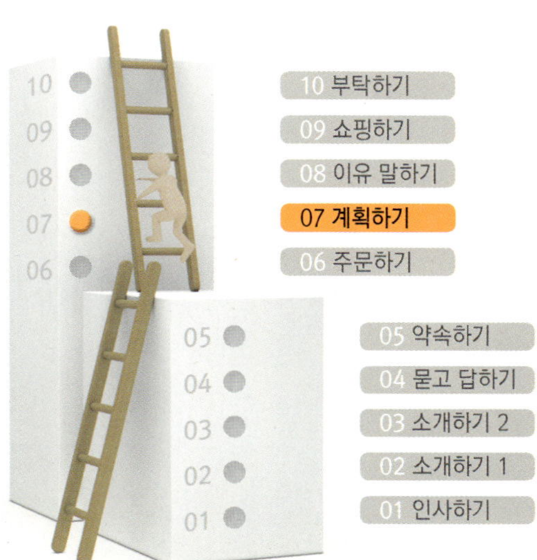

제주도에 갈 거예요

I will go to Jeju Island

1. 자신의 계획에 대해 말할 수 있어요.
2. '-(으)ㄹ 거예요', '하고'를 사용하여 말할 수 있어요.

다음 문장을 읽어 보세요. Read the following sentences.

1) 연휴에 제주도에 갈 거예요.　　2) 토요일에 영화를 볼 거예요.　　3) 주말에 춘천에 갈 거예요.

8 월

일요일	월요일	화요일	수요일	목요일	금요일	토요일
	1	2	3	4	5	6
7	8	9	10	11	12	13 1) 제주도
14	15	16	17	18	19	20 2) 영화
21	22	23	24	25	26	27 3) 춘천
28	29	30	31			

잘 듣고 따라 해 보세요. Repeat the following conversation.

 그림을 보고 계획을 말해 보세요. Look at the pictures below and talk about your plan.

1)

2)

3)

4)

그림을 보고 대화해 보세요. Look at the picture and make a conversation.

등산을 안 좋아해요
I don't like mountain climbing

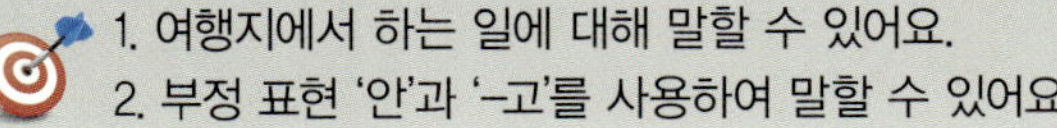

 다음 문장을 읽어 보세요. Read the following sentences.

 잘 듣고 따라 해 보세요. Repeat the following conversation.

 **그림을 보고 여행지에서 하는 일을 말해 보세요.**
Using the pictures below, talk about what you are going to do when traveling.

수영을 하다

회를 먹다

한옥을 구경하다

비빔밥을 먹다

사진을 찍다

박물관에 가다

산책하다

?

 두 개 이상을 골라 '–고'를 사용해서 이야기할 수 있도록 지도해 주세요.

 **그림을 보고 대화해 보세요.** Look at the pictures below and make conversations.

1)

2)

3)

4)

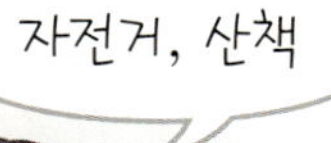 부정 표현 '안'을 사용하여 말할 수 있도록 지도해 주세요.

표현
Expressions

1. 이렇게 말할 수 있어요. Practice the following conversation.

'아직 잘 모르겠어요.' 외에 '아직 계획 없어요.'의 표현도 사용할 수 있다는 것을 지도해 주세요.

2. 한국 사람들은 이렇게 말해요. Korean people say it this way.

'아', '와', '음'의 억양을 지도해 주세요.

발음
Pronunciation

1. 발음에 주의하면서 듣고 따라 해 보세요. Repeat after the speaker paying attention to the pronunciation. 

1) 좋아해요.
2) 기분이 좋아요.

2. 발음에 주의하면서 듣고 따라 해 보세요. Repeat after the speaker paying attention to the pronunciation. 

1) 한국 친구가 많이 있어요.
2) 김밥을 싫어해요.

활동
Activity

주변 사람에게 여행 계획을 질문하고 대답을 메모해 보세요.
Ask your friends about their travel plans. Listen to their plans and write them down.

부산에 갈 거예요. 기차를 타고 갈 거예요.

● 생각나는 단어나 문장을 말해 보세요.
  Try to say a word or sentence that comes to mind.

● 오늘 배운 것을 사용해서 여행 계획을 말할 수 있어요?
  Can you use what you have learned to talk about travel plans?

● 오늘 무엇을 배웠어요? 생각나는 것을 자유롭게 써 보세요.
  What did you learn today? Write down what you learned.

08 이유 말하기

Reason

8-1

어젯밤부터 아팠어요

I have been sick since last night

증상을 설명할 수 있어요.
'부터'를 사용하여 말할 수 있어요.

You will be able to explain your symptoms.
You will be able to use '부터'.

8-2

배탈이 나서 못 왔어요

I had a stomachache so I couldn't come

이유를 설명할 수 있어요.
'-아서/어서', '못'을 사용하여 말할 수 있어요.

You will be able to provide reasons.
You will be able to use the '-아서/어서' and '못' forms.

어젯밤부터 아팠어요

I have been sick since last night

말해 보세요. Fill in the blanks using the pictures below.

잘 듣고 따라 해 보세요. Listen carefully and repeat the following conversation.

'요'는 생략되는 부분이 앞선 말에 이어서 반복되거나 상황으로 충분히 이해·예측할 수 있는 경우에 새로운 정보에 붙여 사용할 수 있다고 지도해 주세요.

 **그림을 보고 어디가 아픈지 말해 보세요.** Look at the pictures below and explain their symptoms.

1)

2)

3)

4)
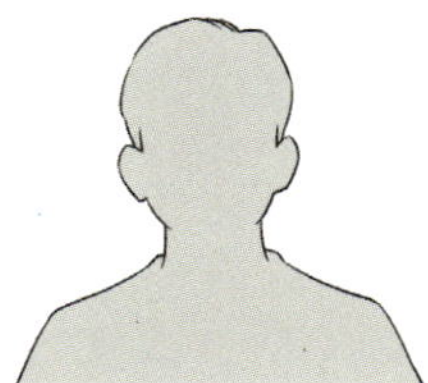

 **그림을 보고 대화해 보세요.** Look at the pictures below and make conversations.

1)

2)

3)

4)
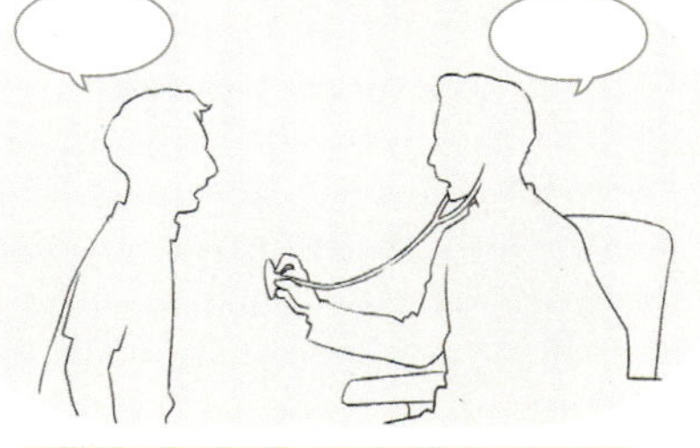

배탈이 나서 못 왔어요

I had a stomachache so I couldn't come

1. 이유를 설명할 수 있어요.
2. '-아서/어서', '못'을 사용하여 말할 수 있어요.

 다음 문장을 읽어 보세요. Read the following sentences.

잘 듣고 따라 해 보세요. Listen carefully and repeat the following conversation.

 이 여자는 배가 아픕니다. 무엇을 못 하는지 그림을 보고 이유와 상황을 말해 보세요.
Look at the pictures below. Explain the situation and provide the reason for it.

'–아서/어서 못'을 사용하여 말할 수 있도록 지도해 주세요.

 그림을 보고 대화해 보세요. Look at the picture below and make a conversation.

회사에 오지 못한 이유를 말할 수 있도록 지도해 주세요.

표현
Expressions

1. 이렇게 말할 수 있어요. Practice the following conversations.

'좋아졌어요.'라고도 대답할 수 있다고 지도해 주세요.

2. 한국 사람들은 이렇게 말해요. Korean people say it this way.

한국 사람들은 상대방이 재채기를 하면 '괜찮아요?', '어디 아파요?', '감기 걸렸어요?' 등으로 묻기도 한다고 지도해 주세요.

발음
Pronunciation

1. 발음에 주의하면서 듣고 따라 해 보세요. Repeat after the speaker paying attention to the pronunciation. 

   1) 어젯밤부터요.

   2) 목감기에 걸렸어요.

 받침 소리 [ㅂ, ㄷ, ㄱ] 뒤에 오는 'ㅂ, ㄷ, ㅅ, ㅈ, ㄱ'은 [ㅃ, ㄸ, ㅆ, ㅉ, ㄲ]로 발음된다고 지도해 주세요.

2. 끊어 읽기에 주의하면서 듣고 따라 해 보세요. 
Repeat after the speaker paying attention to where to pause.

   1) 지금은 좀 ∨ 어때요?

   2) 배탈이 나서 ∨ 못 왔어요.

활동
Activity

한국에서 병원에 가 본 적이 있어요? 의사에게 무슨 말을 했는지 메모해 보세요.
Have you ever been to a hospital in Korea? Write about what you said to the doctor.

> 배가 아파요. 오늘 아침부터 아팠어요.

- 생각나는 단어나 문장을 말해 보세요.
  Try to say words or sentences that come to mind.

- 오늘 배운 것을 사용해서 다른 사람에게 이유를 설명할 수 있어요?
  Can you use what you learned to provide a reason for something to other people?

- 오늘 무엇을 배웠어요? 생각나는 것을 자유롭게 써 보세요.
  What did you learn today? Write down what you learned.

쇼핑하기
Shopping

한번 신어 봐도 돼요?

May I try these on?

사고 싶은 물건에 대해 말할 수 있어요.
'–아/어 봐도 돼요?'를 사용하여 말할 수 있어요.
You will be able to talk about things that you want to buy.
You will be able to use the '-아/어 봐도 돼요?' form.

더 큰 거 있어요?

Do you have a larger size?

자신이 원하는 물건에 대해 말하고 살 수 있어요.
'–(으)ㄴ 거 있어요?'를 사용하여 말할 수 있어요.
You will be able to express what you are looking for and purchase it.
You will be able to use the '-(으)ㄴ 거 있어요?' form.

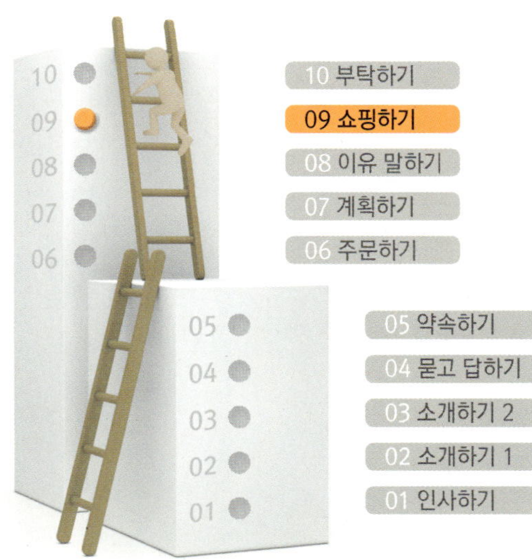

한번 신어 봐도 돼요?
May I try these on?

1. 사고 싶은 물건에 대해 말할 수 있어요.
2. '–아/어 봐도 돼요?'를 사용하여 말할 수 있어요.

다음 문장을 읽어 보세요. Read the following sentences.

각각의 동사에 결합할 수 있는 명사들을 교체하면서 반복적으로 연습할 수 있도록 지도해 주세요.

잘 듣고 따라 해 보세요. Repeat the following conversation.

 ## 그림을 보고 말해 보세요.
Ask if you can try on the following items you want to buy.

1) 

2) 

3) 

4) 

5) 

6) 

7) 

8) 

 '–아/어 봐도 돼요?'를 사용해서 말할 수 있도록 지도해 주세요.

 ## 그림을 보고 대화해 보세요. Look at the pictures below and make conversations.

1) 

2) 

3) 

4)

 말하기 활동을 하기 전에 한국의 옷 사이즈와 신발 사이즈에 대해서 지도해 주세요.

더 큰 거 있어요?
Do you have a larger size?

1. 자신이 원하는 물건에 대해 말하고 살 수 있어요.
2. '–(으)ㄴ 거 있어요?'를 사용하여 말할 수 있어요.

다음 문장을 읽어 보세요. Read the following sentences.

잘 듣고 따라 해 보세요. Repeat the following conversation.

34

 **그림을 보고 말해 보세요.** Look at the pictures below and make conversations.

1)

2)

3)

4)

'좀 –아/어요.', '더 –(으)ㄴ 거 있어요?'를 반복 연습하여 표현으로 익힐 수 있도록 지도해 주세요.

그림을 보고 대화해 보세요. Look at the following pictures and make sentences.

1)

2)

3)

4)

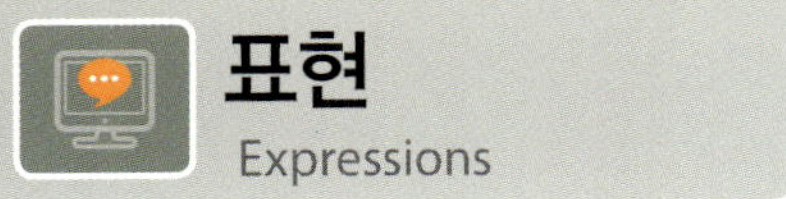

표현
Expressions

1. 이렇게 말할 수 있어요. Practice the following conversations.

물건을 바로 구입하지 않을 경우에는 '다음에 다시 올게요.', '좀 더 보고 올게요.'라고 말할 수 있다고 지도해 주세요.

2. 한국 사람들은 이렇게 말해요. Korean people say it this way.

물건을 한 개 사고 싶을 때에는 '한 개'보다 '하나'라는 말을 더 많이 사용한다는 것을 지도해 주세요.

발음
Pronunciation

1. 발음에 주의하면서 듣고 따라 해 보세요. Repeat after the speaker paying attention to the pronunciation. 

1) 이 등산화 270 있어요?
2) 한번 신어 봐도 돼요?

2. 끊어 읽기에 주의하면서 듣고 따라 해 보세요. 
Repeat after the speaker paying attention to where to pause.

1) 이 등산화 ∨ 270 있어요?
2) 한번 ∨ 신어 봐도 돼요?

활동
Activity

여러분이 원하는 물건을 사 보세요. 어떤 물건을 샀습니까? 직원에게 어떻게 말했습니까? 메모해 보세요.
Try to buy what you want. What did you buy? What did the sales assistant say? Write it down.

바지 한번 입어 봐도 돼요? 더 큰 거 있어요?

● 생각나는 단어나 문장을 말해 보세요.
Try to say a word or sentence that comes to mind.

● 오늘 배운 것을 사용해서 가게에 가서 물건을 살 수 있어요?
Can you use what you learned to go shopping and buy what you want?

● 오늘 무엇을 배웠어요? 생각나는 것을 자유롭게 써 보세요.
What did you learn today? Write down what you learned.

10 부탁하기

Asking for Help

10-1

사진 좀 찍어 주세요

Would you please take a photo of me?

도움을 요청할 수 있어요.
'-아/어 주세요', '-(으)ㄹ게요'를 사용하여 말할 수 있어요.
You will be able to ask for help.
You will be able to use the '-아/어 주세요' and '-(으)ㄹ게요' forms.

10-2

좀 도와줄 수 있어요?

Can you help me?

'도와줄 수 있어요?'를 사용하여 말할 수 있어요.
You will be able to use the expression '도와줄 수 있어요?'.

사진 좀 찍어 주세요

Would you please take a photo of me?

다음 문장을 읽어 보세요. Read the following sentences.

사진 좀 찍어 주세요.

창문 좀 열어 주세요.

복사 좀 해 주세요.

에어컨 좀 켜 주세요.

펜 좀 빌려 주세요.

잘 듣고 따라 해 보세요. Repeat the following conversation.

37

 그림을 보고 도움을 요청해 보세요. Look at the pictures below and try asking for help.

1)

2)

3)

4)
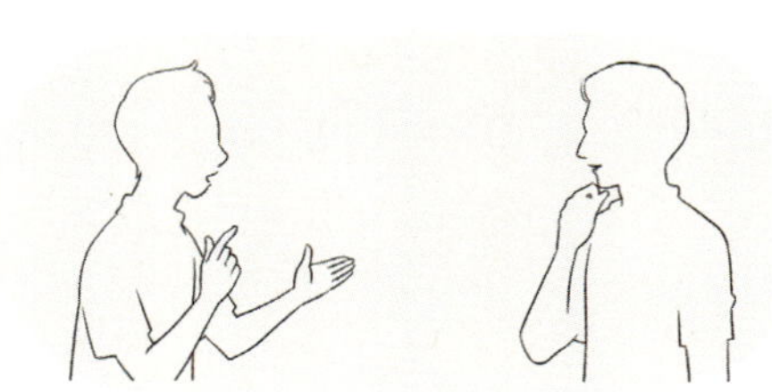

 부탁을 할 때 '좀'을 사용하여 부드럽게 말할 수 있다고 지도해 주세요.

그림을 보고 대화해 보세요. Look at the pictures below and make conversations.

1)

2)

3)

4)

좀 도와줄 수 있어요?
Can you help me?

'도와줄 수 있어요?'를 사용하여 도움을 요청할 수 있어요.

 다음 문장을 읽어 보세요. Read the following sentences.

숙제 좀 도와줄 수 있어요?

말하기 연습 좀 도와줄 수 있어요?

청소 좀 도와줄 수 있어요?

파티 준비 좀 도와줄 수 있어요?

 잘 듣고 따라 해 보세요. Repeat the following conversation.

 다른 사람에게 부탁해 보세요. Try making a sentence asking for help with the following things.

1)

2)

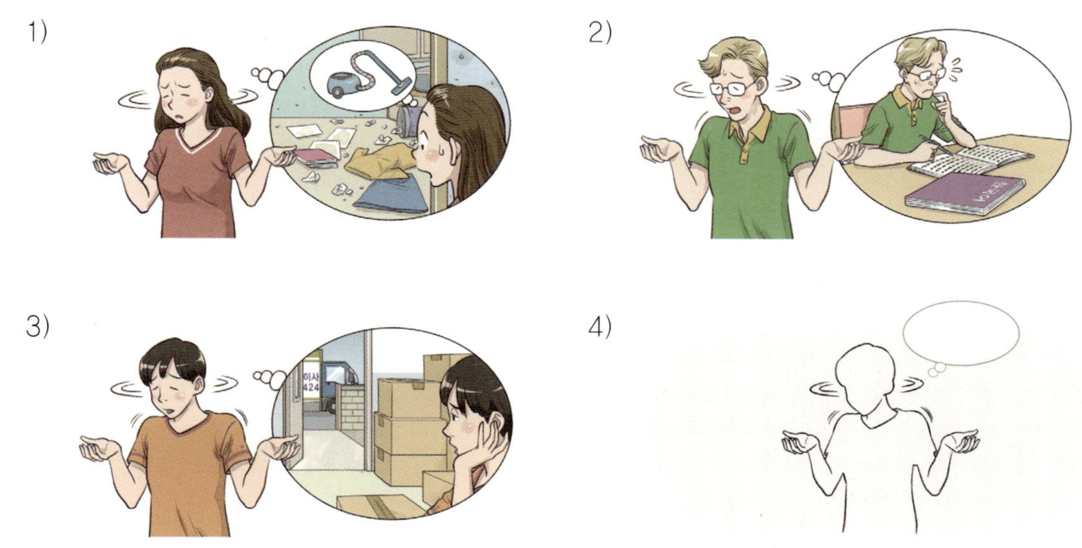

3)

4)

그림을 보고 대화해 보세요. Look at the pictures below and make conversations.

1)

2)

3)

4)

1. 이렇게 말할 수 있어요. Practice the following expression.

처음 본 사람에게 혹은 공식적인 자리에서 도움을 요청할 때에는 '–아/어 주시겠어요?'라고 말한다고 지도해 주세요.

2. 한국 사람들은 이렇게 말해요. Korean people say it this way.

다른 사람에게 도움을 요청할 때 '저', '저기'와 같은 '주저하기', '머뭇거림' 등의 표현을 사용할 수 있다고 지도해 주세요. '저', '저기'의 억양을 잘 말할 수 있도록 지도해 주세요.

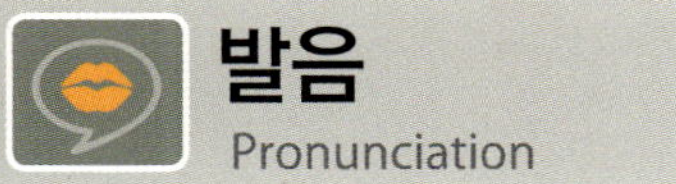

발음
Pronunciation

1. 발음에 주의하면서 듣고 따라 해 보세요. Repeat after the speaker paying attention to the pronunciation. 

1) 사진 좀 찍어 주세요.

2) 도와줄 수 있어요?

2. 끊어 읽기에 주의하면서 듣고 따라 해 보세요. 
Repeat after the speaker paying attention to where to pause.

1) 사진 좀 ∨ 찍어 주세요

2) 말하기 연습 좀 ∨ 도와줄 수 있어요?

활동
Activity

부탁하고 싶은 일이 있습니까? 어떻게 말할지 메모해 보세요.
What favor do you want to ask from your friends? Write about it below.

천천히 말해 주세요.

- 생각나는 단어나 문장을 말해 보세요.
  Try to say a word or sentence that comes to mind.

- 오늘 배운 것을 사용해서 다른 사람에게 부탁할 수 있어요?
  Can you use what you learned to ask a favor from someone?

- 오늘 무엇을 배웠어요? 생각나는 것을 자유롭게 써 보세요.
  What did you learn today? Write down what you learned.

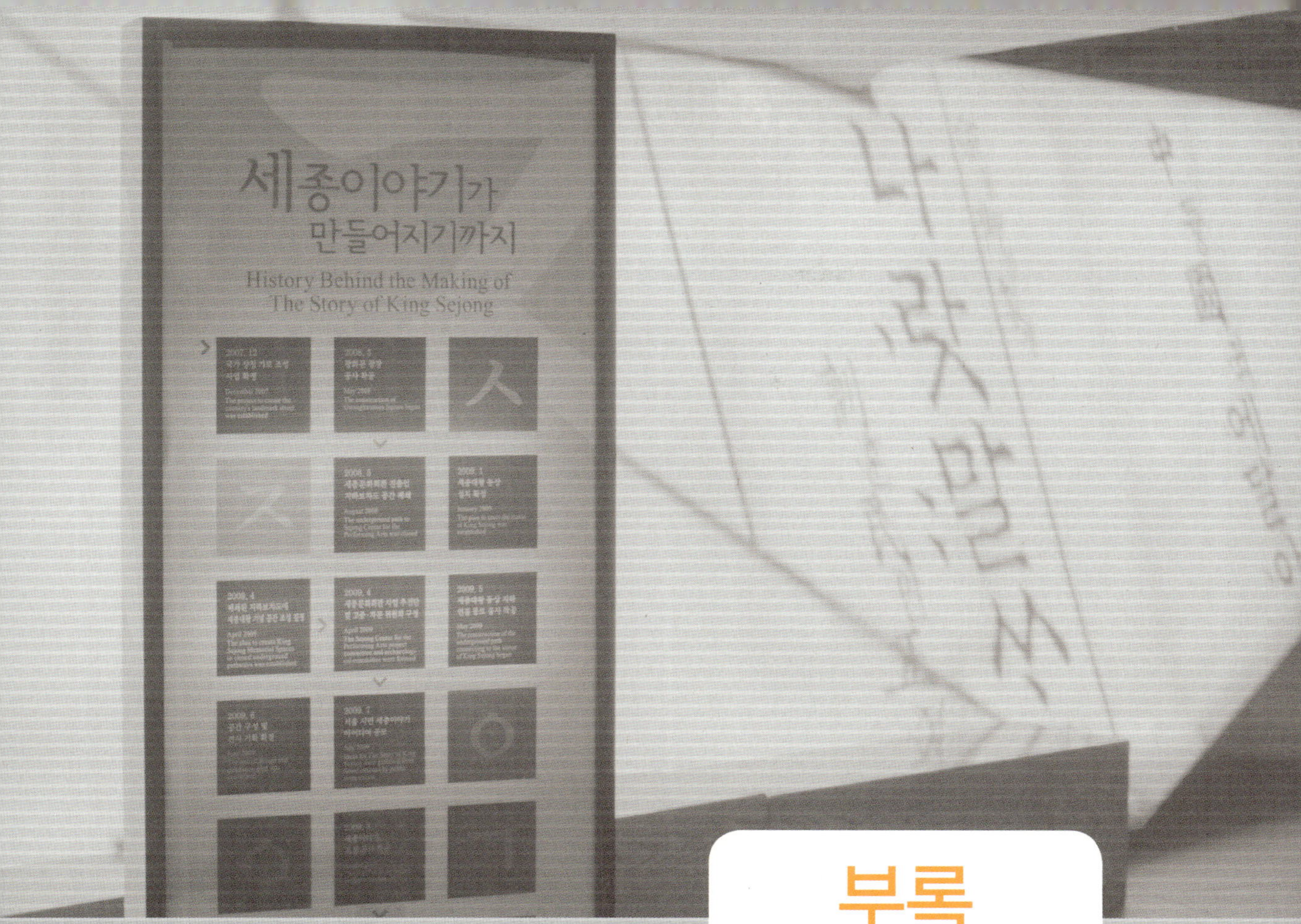

부록

- 모범 대화
- 듣기 지문
- 어휘 색인
- 표현 색인

01 인사하기 Greetings

1-1 안녕하세요 Hello

그림을 보고 상황에 맞게 인사해 보세요. (17쪽)

1) 안녕하세요.
2) 안녕하세요.
3) 안녕하세요.
4) 남자 아이: 안녕.
   여자 아이: 안녕.

그림을 보고 대화해 보세요. (17쪽)

1) 가: 안녕하세요.
   나: 안녕하세요.
2) 가: 안녕.
   나: 안녕.
3) 가: 고마워요.
   나: 아니에요.
4) 가: 죄송해요.
   나: 괜찮아요.

1-2 저는 빌리예요 I am Billy

이름을 말해 보세요. (19쪽)

1) 저는 빌리예요.
   저는 유진이에요.
2) 저는 칸이에요.
   저는 칼리드예요.
3) 저는 호세예요.
   저는 나타폰이에요.

02 소개하기 1 Introducing Oneself

2-1 미국에서 왔어요 I am from the U. S. A.

그림을 보고 어디에서 왔는지 말해 보세요. (25쪽)

1) 호주에서 왔어요.
2) 인도에서 왔어요.
3) 태국에서 왔어요.
4) 사우디아라비아에서 왔어요.

2-2 이태원에 살아요 I live in Itaewon

그림을 보고 사는 곳을 말해 보세요. (27쪽)

1) 가: 리사 씨는 어디에 살아요?
   나: 신촌에 살아요.
2) 가: 칼리드 씨는 어디에 살아요?
   나: 이태원에 살아요.
3) 가: 왕밍 씨는 어디에 살아요?
   나: 구로에 살아요.
4) 가: 호세 씨는 어디에 살아요?
   나: 신사에 살아요.
5) 가: 칸 씨는 어디에 살아요?
   나: 강남에 살아요.
6) 가: 빌리 씨는 어디에 살아요?
   나: 회기에 살아요.
7) 가: 나타폰 씨는 어디에 살아요?
   나: 대학로에 살아요.

03 소개하기 2 Introducing Others

3-1 이 사람은 제 친구예요 This is my friend

다음 사람을 친구에게 소개해 보세요. (33쪽)

1) 이 사람은 리사예요. 일본에서 왔어요.
2) 이 사람은 호세예요. 멕시코에서 왔어요.
3) 이 사람은 올가예요. 러시아에서 왔어요.
4) 이 사람은 나타폰이에요. 태국에서 왔어요.
5) 이 사람은 칼리드예요. 사우디아라비아에서 왔어요.

그림을 보고 대화해 보세요. (33쪽)

1) 가: 이 사람은 제 친구예요. 러시아에서 왔어요.
   나: 안녕하세요. 안나예요.
   다: 저는 정유진이에요. 만나서 반갑습니다.
2) 가: 이 사람은 제 친구예요. 멕시코에서 왔어요.
   나: 안녕하세요. 마리아나예요.
   다: 저는 칸이에요. 만나서 반갑습니다.
3) 가: 이 사람은 제 친구예요. 한국 사람이에요.
   나: 안녕하세요. 박지훈이에요.
   다: 저는 리사예요. 만나서 반갑습니다.

3-2 형은 뉴욕에 있어요 My elder brother lives in New York

친구에게 가족을 소개해 보세요. (35쪽)

1) 가: 이 사람은 누구예요?
   나: 남동생이에요.
2) 가: 이 사람은 누구예요?
   나: 여동생이에요.
3) 가: 이 사람은 누구예요?
   나: 누나예요.
4) 가: 이 사람은 누구예요?
   나: 아버지세요.

5) 가: 이 사람은 누구예요?
   나: 어머니세요.

04 묻고 답하기 Asking and Answering

4-1 취미가 뭐예요? What is your hobby?

🔊 그림을 보고 취미를 말해 보세요. (41쪽)

1) 가: 취미가 뭐예요?
   나: 요리예요.
2) 가: 취미가 뭐예요?
   나: 축구예요.
3) 가: 취미가 뭐예요?
   나: 게임이에요.

👥 친구들과 취미를 묻고 답해 보세요. (41쪽)

1) 가: 취미가 뭐예요?
   나: 운동이에요.
   가: 무슨 운동을 좋아해요?
   나: 축구를 좋아해요.
2) 가: 취미가 뭐예요?
   나: 영화 감상이에요.
   가: 무슨 영화를 좋아해요?
   나: 코미디 영화를 좋아해요.
3) 가: 취미가 뭐예요?
   나: 음악 감상이에요.
   가: 무슨 음악을 좋아해요?
   나: 클래식을 좋아해요.

4-2 주말에 뭐 했어요? What did you do last weekend?

🔊 그림을 보고 주말에 한 일을 말해 보세요. (43쪽)

1) 가: 주말에 뭐 했어요?
   나: 청소를 했어요.
2) 가: 주말에 뭐 했어요?
   나: 친구를 만났어요.
3) 가: 주말에 뭐 했어요?
   나: 공부를 했어요.

👥 친구들과 주말에 한 일을 묻고 답해 보세요. (43쪽)

1) 가: 주말에 뭐 했어요?
   나: 쇼핑을 했어요. 리사 씨는 뭐 했어요?
   가: 저는 콘서트에 갔어요.
2) 가: 주말에 뭐 했어요?
   나: 영화를 봤어요. 제시카 씨는 뭐 했어요?
   가: 저는 클럽에 갔어요.

3) 가: 주말에 뭐 했어요?
   나: 저는 책을 읽었어요. 올가 씨는 뭐 했어요?
   가: 한국어 공부를 했어요.

05 약속하기 Appointment

5-1 명동에 같이 갈까요? Shall we go to Myeongdong?

🔊 다음 문장을 읽고 제안해 보세요. (49쪽)

1) 서점에 같이 갈까요?
2) 명동에 같이 갈까요?
3) 극장에 같이 갈까요?
4) 백화점에 같이 갈까요?
5) 전자 상가에 같이 갈까요?
6) 미용실에 같이 갈까요?

👥 그림을 보고 대화해 보세요. (49쪽)

1) 가: 자전거를 타고 싶어요.
   나: 그럼 한강 공원에 같이 갈까요?
2) 가: 쇼핑을 하고 싶어요.
   나: 그럼 명동에 같이 갈까요?
3) 가: 책을 사고 싶어요.
   나: 서점에 같이 갈까요?

5-2 세 시에 만나요 Let's meet at 3 o'clock

🔊 그림을 보고 약속을 정해 보세요. (51쪽)

1) 5시에 만나요.
2) 1시에 만나요.
3) 커피숍에서 만나요.

👥 다음을 이용하여 약속을 해 보세요. (51쪽)

가: 몇 시에 만날까요?
나: 점심시간에 만나요.
가: 어디에서 만날까요?
나: 커피숍에서 만나요.

06 주문하기 Ordering at a Restaurant

6-1 한국 음식을 먹고 싶어요 I want to eat Korean food

🔊 그림을 보고 먹고 싶은 것을 말해 보세요. (57쪽)

1) 비빔밥을 먹고 싶어요.
2) 떡볶이를 먹고 싶어요.
3) 스테이크를 먹고 싶어요.

🧑 그림을 보고 대화해 보세요. (57쪽)

1) 가: 뭐 먹고 싶어요?
   나: 저는 한국 음식을 먹고 싶어요.
   가: 그럼 불고기 어때요?
   나: 좋아요.
2) 가: 뭐 먹고 싶어요?
   나: 저는 중국 음식을 먹고 싶어요.
   가: 그럼 짜장면 어때요?
   나: 좋아요.
3) 가: 뭐 먹고 싶어요?
   나: 저는 일본 음식을 먹고 싶어요.
   가: 그럼 초밥 어때요?
   나: 좋아요.

6-2 불고기버거하고 치킨버거 주세요
One Bulgogi burger and one chicken burger, please

🌏 그림을 보고 주문해 보세요. (59쪽)

1) 비빔밥 한 그릇하고 김치찌개 이 인분 주세요.
2) 칼국수 두 그릇하고 만두 일 인분 주세요.
3) 갈비 육 인분하고 사이다 두 병 주세요.
4) 떡볶이 이 인분하고 김밥 일 인분 주세요.

🧑 그림을 보고 대화해 보세요. (59쪽)

1) 점원: 주문하시겠습니까?
   손님: 치킨버거 한 개하고 새우버거 한 개 주세요.
   점원: 음료도 주문하시겠습니까?
   손님: 네, 콜라 한 잔하고 환타 한 잔 주세요.
2) 점원: 주문하시겠습니까?
   손님: 짜장면 한 그릇하고 볶음밥 한 그릇 주세요.
   점원: 음료도 주문하시겠습니까?
   손님: 아니요, 괜찮아요.
3) 점원: 주문하시겠습니까?
   손님: 김치찌개 일 인분하고 냉면 한 그릇 주세요.
   점원: 음료도 주문하시겠습니까?
   손님: 네, 사이다 한 병 주세요.
4) 점원: 주문하시겠습니까?
   손님: 우동 한 그릇하고 돈가스 하나 주세요.
   점원: 음료도 주문하시겠습니까?
   손님: 아니요, 괜찮아요.

7-1 제주도에 갈 거예요 I will go to Jeju Island

🌏 그림을 보고 계획을 말해 보세요. (65쪽)

1) 수영을 할 거예요.
2) 영화를 볼 거예요.
3) 스키를 탈 거예요.

🧑 그림을 보고 대화해 보세요. (65쪽)

1) 가: 방학에 특별한 계획 있어요?
   나: 네. 친구하고 여행을 갈 거예요.
   가: 어디에 갈 거예요?
   나: 부산에 갈 거예요.
2) 가: 토요일에 특별한 계획 있어요?
   나: 네. 친구하고 여행을 갈 거예요.
   가: 어디에 갈 거예요?
   나: 춘천에 갈 거예요.
3) 가: 연휴에 특별한 계획 있어요?
   나: 네. 부모님하고 여행을 갈 거예요.
   가: 어디에 갈 거예요?
   나: 전주에 갈 거예요.

7-2 등산을 안 좋아해요 I don't like mountain climbing

🌏 그림을 보고 여행지에서 하는 일을 말해 보세요. (67쪽)

1) 수영을 하고 회를 먹을 거예요.
2) 한옥을 구경하고 비빔밥을 먹을 거예요.
3) 사진을 찍고 박물관에 갈 거예요.

🧑 그림을 보고 대화해 보세요. (67쪽)

1) 가: 부산에서 뭐 할 거예요?
   나: 수영을 하고 회를 먹을 거예요.
   가: 쇼핑은 안 해요?
   나: 네. 저는 쇼핑을 별로 안 좋아해요.
2) 가: 춘천에서 뭐 할 거예요?
   나: 자전거를 타고 산책을 할 거예요.
   가: 배는 안 타요?
   나: 네. 배 타는 것을 별로 안 좋아해요.
3) 가: 전주에서 뭐 할 거예요?
   나: 한옥을 구경하고 비빔밥을 먹을 거예요.
   가: 마이산에는 안 가요?
   나: 네. 저는 등산을 별로 안 좋아해요.

8-1 어젯밤부터 아팠어요 I have been sick since last night

그림을 보고 어디가 아픈지 말해 보세요. (73쪽)

1) 목이 아파요.
2) 콧물이 나요.
3) 기침이 나요.

그림을 보고 대화해 보세요. (73쪽)

1) 의사: 어디가 아파요?
   환자: 머리가 아파요.
   의사: 언제부터 아팠어요?
   환자: 그저께부터 아팠어요.
2) 의사: 어디가 아파요?
   환자: 이가 아파요.
   의사: 언제부터 아팠어요?
   환자: 어제부터 아팠어요.
3) 의사: 어디가 아파요?
   환자: 배가 아파요.
   의사: 언제부터 아팠어요?
   환자: 어제부터 아팠어요.

8-2 배탈이 나서 못 왔어요
I had a stomachache so I couldn't come

이 여자는 배가 아픕니다. 무엇을 못 하는지 그림을 보고 이유와 상황을 말해 보세요. (75쪽)

1) 배가 아파서 일을 못 합니다.
2) 배가 아파서 밥을 못 먹습니다.
3) 배가 아파서 잠을 못 잡니다.

그림을 보고 대화해 보세요. (75쪽)

가: 어제 회사에 왜 안 왔어요?
나: 배가 아파서 못 왔어요.
가: 지금은 괜찮아요?
나: 네, 괜찮아요.

9-1 한번 신어 봐도 돼요? May I try these on?

그림을 보고 말해 보세요. (81쪽)

1) (한번) 입어 봐도 돼요?
2) (한번) 써 봐도 돼요?
3) (한번) 신어 봐도 돼요?
4) (한번) 메 봐도 돼요?
5) (한번) 해 봐도 돼요?

6) (한번) 껴 봐도 돼요?
7) (한번) 차 봐도 돼요?
8) (한번) 들어 봐도 돼요?

그림을 보고 대화해 보세요. (81쪽)

1) 손님: 이 바지 허리 27 있어요?
   점원: 네, 있어요. 잠깐만요. … 여기 있습니다.
   손님: 한번 입어 봐도 돼요?
   점원: 네.
2) 손님: 이 티셔츠 스몰(small) 있어요?
   점원: 네, 있어요. 잠깐만요. … 여기 있습니다.
   손님: 한번 입어 봐도 돼요?
   점원: 네.
3) 손님: 이 구두 235 있어요?
   점원: 네, 있어요. 잠깐만요. … 여기 있습니다.
   손님: 한번 신어 봐도 돼요?
   점원: 네.

9-2 더 큰 거 있어요? Do you have a larger size?

그림을 보고 말해 보세요. (83쪽)

1) 점원: 어떠세요?
   손님: 좀 길어요. 더 짧은 거 있어요?
2) 점원: 어떠세요?
   손님: 좀 작아요. 더 큰 거 있어요?
3) 점원: 어떠세요?
   손님: 좀 짧아요. 더 긴 거 있어요?

그림을 보고 대화해 보세요. (83쪽)

1) 점원: 어떠세요?
   손님: 좀 길어요. 더 짧은 거 있어요?
   점원: 여기 있어요. 이걸로 입어 보세요.
   손님: 잘 맞네요. 이걸로 주세요.
2) 점원: 어떠세요?
   손님: 좀 커요. 더 작은 거 있어요?
   점원: 여기 있어요. 이걸로 써 보세요.
   손님: 잘 맞네요. 이걸로 주세요.
3) 점원: 어떠세요?
   손님: 좀 짧아요. 더 긴 거 있어요?
   점원: 여기 있어요. 이걸로 입어 보세요.
   손님: 잘 맞네요. 이걸로 주세요.

10-1 사진 좀 찍어 주세요
Would you please take a photo of me?

그림을 보고 도움을 요청해 보세요. (89쪽)

1) 창문 좀 열어 주세요.
2) 불 좀 꺼 주세요.
3) 가방 좀 들어 주세요.

그림을 보고 대화해 보세요. (89쪽)

1) 가: 에어컨 좀 켜 주세요.
   나: 네, 켜 드릴게요.
2) 가: 선생님 전화번호 좀 알려 주세요.
   나: 네, 알려 드릴게요.
3) 가: 복사 좀 해 주세요.
   나: 네, 해 드릴게요.

10-2 좀 도와줄 수 있어요? Can you help me?

다른 사람에게 부탁해 보세요. (91쪽)

1) 청소 좀 도와줄 수 있어요?
2) 한국어 공부 좀 도와줄 수 있어요?
3) 이사 좀 도와줄 수 있어요?

그림을 보고 대화해 보세요. (91쪽)

1) 가: 한국어 시험이 있어요. 시험공부 좀 도와줄 수
      있어요?
   나: 그럼요. (몇 시에 만날까요?)
2) 가: 생일 파티가 있어요. 파티 준비 좀 도와줄 수 있어요?
   나: 그럼요. (몇 시에 만날까요?)
3) 가: K-POP 콘서트가 있어요. 인터넷 예매 좀 도와줄 수
      있어요?
   나: 그럼요. (몇 시에 만날까요?)

01 인사하기 Greetings

1-1 안녕하세요 Hello

 잘 듣고 따라 해 보세요. (16쪽) **track 01**

남자: 안녕하세요.
여자: 안녕하세요.

남자 아이: 안녕.
여자 아이: 안녕.

아주머니: 고마워요.
청　　년: 아니에요.

여자1: 죄송해요.
여자2: 괜찮아요.

Repeat the following conversation. (Page 16) **track 01**

Man:	Hello.
Woman:	Hello.
Boy:	Hi.
Girl:	Hi.
Middle aged woman:	Thank you.
Young man:	You're welcome.
Woman1:	Sorry.
Woman2:	It's okay.

1-2 저는 빌리예요 I am Billy

 잘 듣고 따라 해 보세요. (18쪽) **track 02**

빌리: 안녕하세요. 저는 빌리예요.
지훈: 안녕하세요. 저는 지훈이에요.

Repeat the following conversation. (Page 18) **track 02**

Billy: Hello. I am Billy.
Jihun: Hello. I am Jihun.

02 소개하기 1 Introducing Oneself

2-1 미국에서 왔어요 I am from the U. S. A.

 잘 듣고 따라 해 보세요. (24쪽) **track 05**

리사: 어디에서 왔어요?
빌리: 미국에서 왔어요.
　　　 리사 씨는 어디에서 왔어요?
리사: 저는 일본에서 왔어요.

Repeat the following conversation. (Page 24) **track 05**

Lisa: Where are you from?
Billy: I am from the U. S. A.
　　　 Where are you from, Lisa?
Lisa: I am from Japan.

2-2 이태원에 살아요 I live in Itaewon

잘 듣고 따라 해 보세요. (26쪽) **track 06**

칼리드: 리사 씨는 어디에 살아요?
리　사: 신촌에 살아요.
　　　　 칼리드 씨는 어디에 살아요?
칼리드: 저는 이태원에 살아요.

Repeat the following conversation. (Page 26) **track 06**

Khalid: Lisa, where do you live?
Lisa:　 I live in Sinchon.
　　　　 Where do you live?
Khalid: I live in Itaewon.

3-1 이 사람은 제 친구예요 This is my friend

잘 듣고 따라 해 보세요. (32쪽)   track 09

빌 리: 이 사람은 제 친구예요. 프랑스에서 왔어요.
다니엘: 안녕하세요. 저는 다니엘이에요.
지 훈: 저는 박지훈이에요. 만나서 반갑습니다.

Repeat the following conversation. (Page 32)   track 09

Billy: This is my friend. He is from France.
Daniel: Hello. I am Daniel.
Jihun: I am Park Jihun. It is nice to meet you.

3-2 형은 뉴욕에 있어요 My elder brother lives in New York

잘 듣고 따라 해 보세요. (34쪽)   track 10

지훈: 이 사람은 누구예요?
빌리: 형이에요.
지훈: 형은 어디에 있어요?
빌리: 뉴욕에 있어요.

Repeat the following conversation. (Page 34)   track 10

Jihun: Who is this?
Billy: This is my elder brother.
Jihun: Where is your elder brother?
Billy: He is in New York.

4-1 취미가 뭐예요? What is your hobby?

잘 듣고 따라 해 보세요. (40쪽)   track 13

지훈: 취미가 뭐예요?
빌리: 운동이에요
지훈: 무슨 운동을 좋아해요?
빌리: 저는 태권도를 좋아해요.

Repeat the following conversation. (Page 40)   track 13

Jihun: What is your hobby?
Billy: My hobby is exercise.
Jihun: What sport do you like?
Billy: I like Taekwondo.

4-2 주말에 뭐 했어요? What did you do last weekend?

잘 듣고 따라해 보세요. (42쪽)   track 14

칸   : 주말에 뭐 했어요?
제시카: 한강 공원에 갔어요.
        칸 씨는 주말에 뭐 했어요?
칸   : 저는 등산을 했어요.

Repeat the following conversation. (Page 42)   track 14

Khan: What did you do last weekend?
Jessica: I went to Han River park. What did you do
         last weekend?
Khan: I went mountain climbing.

5-1 명동에 같이 갈까요? Shall we go to Myeongdong?

잘 듣고 따라 해 보세요. (48쪽)   track 17

리사: 오늘 시간 있어요?
유진: 네, 있어요. 왜요?
리사: 화장품을 사고 싶어요.
유진: 그래요? 그럼 명동에 같이 갈까요?

Repeat the following conversation. (Page 48)   track 17

Lisa: Do you have time today?
Yujin: Yes, I do. Why?
Lisa: I would like to buy cosmetics.
Yujin: You do? Then shall we go to Myeongdong?

5-2 세 시에 만나요 Let's meet at 3 o'clock

잘 듣고 따라 해 보세요. (50쪽)　　track 18

빌리: 몇 시에 만날까요?
리사: 세 시에 만나요.
빌리: 어디에서 만날까요?
리사: 학교 앞에서 만나요.

Repeat the following conversation. (Page 50)　track 18
Billy:　What time shall we meet?
Lisa:　Let's meet at 3 o'clock.
Billy:　Where shall we meet?
Lisa:　Let's meet in front of school.

06　주문하기 Ordering at a Restaurant

6-1 한국 음식을 먹고 싶어요 I want to eat Korean food

잘 듣고 따라 해 보세요. (56쪽)　　track 21

지훈: 뭐 먹고 싶어요?
빌리: 저는 한국 음식을 먹고 싶어요.
지훈: 그럼 비빔밥 어때요?
빌리: 좋아요.

Repeat the following conversation. (Page 56)　track 21
Jihun: What do you want to eat?
Billy:　I want to eat Korean food.
Jihun: How about Bibimbap?
Billy:　Sounds good.

6-2 불고기버거하고 치킨버거 주세요 One Bulgogi burger and one chicken burger, please

 잘 듣고 따라 해 보세요. (58쪽)　　track 22

점　원: 주문하시겠습니까?
다니엘: 불고기버거 한 개하고 치킨버거 한 개 주세요.
점　원: 음료도 주문하시겠습니까?
다니엘: 네, 콜라 두 잔 주세요.

Repeat the following conversation. (Page 58)　track 22
Clerk:　What would you like to order?
Daniel: One Bulgogi burger and one chicken burger,
　　　　please.
Clerk:　Any drinks?
Daniel: 2 cokes, please.

07　계획하기 Making Plans

7-1 제주도에 갈 거예요 I will go to Jeju Island

 잘 듣고 따라 해 보세요. (64쪽)　　track 25

칸　　: 연휴에 특별한 계획 있어요?
제시카: 네. 친구하고 여행을 갈 거예요.
칸　　: 어디에 갈 거예요?
제시카: 제주도에 갈 거예요.

Repeat the following conversation. (Page 64)　track 25
Khan:　　Do you have any special plan on holidays?
Jessica:　I will travel with my friend.
Khan:　　Where will you go?
Jessica:　I will go to Jeju Island.

7-2 등산을 안 좋아해요 I don't like mountain climbing

 잘 듣고 따라 해 보세요. (66쪽)　　track 26

칸　　: 제주도에서 뭘 할 거예요?
제시카: 수영을 하고 말도 탈 거예요.
칸　　: 한라산에는 안 가요?
제시카: 네. 저는 등산을 별로 안 좋아해요.

Repeat the following conversation. (Page 66)　track 26

Khan:　　What will you do in Jeju Island?
Jessica:　I will go swimming and horseback riding.
Khan:　　Won't you go to Mt. Halla?
Jessica:　No. I don't like mountain climbing.

08　이유 말하기 Reason

8-1 어젯밤부터 아팠어요 I have been sick since last night

잘 듣고 따라 해 보세요. (72쪽)　　track 29

의사: 어디가 아파요?
호세: 목이 아파요.
의사: 언제부터 아팠어요?
호세: 어젯밤부터요.

Repeat the following conversation. (Page 72)　track 29

Doctor:　What's bothering you?
Jose:　　I have a sore throat.
Doctor:　How long have you been sick?
Jose:　　Since last night.

8-2 배탈이 나서 못 왔어요 I had a stomachache so I couldn't come

잘 듣고 따라 해 보세요. (74쪽)　　track 30

다니엘: 어제 학교에 왜 안 왔어요?
호　세: 배탈이 나서 못 왔어요.
다니엘: 지금은 괜찮아요?
호　세: 네, 괜찮아요.

Repeat the following conversation. (Page 74)　track 30

Daniel:　Why didn't you come to school yesterday?
Jose:　　I had a stomachache, so I couldn't come.
Daniel:　Are you alright?
Jose:　　Yes, I am O.K.

09　쇼핑하기 Shopping

9-1 한번 신어 봐도 돼요? May I try these shoes on?

잘 듣고 따라 해 보세요. (80쪽)　　track 33

빌리: 이 등산화 270 있어요?
점원: 네, 있어요. 잠깐만요.
　　　　　⋮
　　　여기 있어요.
빌리: 한번 신어 봐도 돼요?
점원: 네.

Repeat the following conversation. (Page 80)　track 33

Billy:　Do you have these hiking shoes in 270mm?
Clerk:　Yes, we do. One moment, please.
　　　　　⋮
　　　Here you are.
Billy:　May I try these on?
Clerk:　Sure.

9-2 더 큰 거 있어요? Do you have a larger size?

 잘 듣고 따라 해 보세요. (82쪽) **track 34**

점 원: 어떠세요?
다니엘: 좀 작아요. 더 큰 거 있어요?
점 원: 여기 있어요. 이걸로 신어 보세요.
다니엘: 잘 맞네요. 이걸로 주세요.

Repeat the following conversation. (Page 82) **track 34**

Clerk: How are these?
Daniel: They are a little small for me.
         Do you have a larger size?
Clerk: Here you are. Please try these.
Danel: They fit me well. I'll take them then.

---

10 부탁하기 Asking for Help

10-1 사진 좀 찍어 주세요 Would you please take a photo of me?

 잘 듣고 따라 해 보세요. (88쪽) **track 37**

리사: 저기요, 실례지만 사진 좀 찍어 주세요.
청년: 네. 여기 보세요. 찍을게요.
왕밍: 고맙습니다.

Repeat the following conversation. (Page 88) **track 37**

Lisa: Excuse me, would you please take our picture?
Young man: Sure. Look here please. I will take it now.
Wang Ming: Thank you.

10-2 좀 도와줄 수 있어요? Can you help me?

잘 듣고 따라 해 보세요. (90쪽) **track 38**

리사: 유진 씨, 이번 주말에 시간 있어요?
유진: 네. 왜요?
리사: 다음 주에 말하기 시험이 있어요.
      말하기 연습 좀 도와줄 수 있어요?
유진: 그럼요. 몇 시에 만날까요?

Repeat the following conversation. (Page 90) **track 38**

Lisa: Yujin, do you have time this weekend?
Yujin: Yes. Why?
Lisa: I have a speaking test next week.
         Can you help me with speaking practice?
Yujin: Sure. What time shall we meet?

어휘 색인 Vocabulary Index

ㅈ

집필

이정희 경희대학교 교육대학원 외국어로서의 한국어교육 전공 교수
문학 박사

김중섭 경희대학교 국어국문학과 교수
문학 박사

조현용 경희대학교 교육대학원 외국어로서의 한국어교육 전공 교수
문학 박사

Danielle O. Pyun 오하이오 주립대학교 동아시아어문학과 부교수
오하이오 주립대학교 외국어교육학 박사

박선희 경희대학교 국제교육원 한국어교육부 강사
경희대학교 국어국문학과 한국어학 박사 수료

장문정 경희대학교 국제교육원 한국어교육부 강사
경희대학교 국어국문학과 한국어학 전공 박사 졸업

조효정 경희대학교 국제교육원 한국어교육부 강사
경희대학교 교육대학원 외국어로서의 한국어교육 석사

Get It Korean Speaking

초판 1쇄 발행 2019년 6월 1일
2쇄 발행 2025년 2월 17일

지은이   이정희, 김중섭, 조현용, Danielle O. Pyun, 박선희, 장문정, 조효정
펴낸이   박영호
기획팀   송인성, 김선명
편집팀   박우진, 김영주, 김정아, 최미라, 전혜련, 박미나
관리팀   임선희, 정철호, 김성언, 권주련
펴낸곳   (주)도서출판 하우

주소   서울시 중랑구 망우로68길 48
전화   (02)922-7090
팩스   (02)922-7092
홈페이지 http://www.hawoo.co.kr
e-mail hawoo@hawoo.co.kr
등록번호 제2016-000017호

값 13,000원 (MP3 포함)
ISBN 979-11-88568-84-0 14710
ISBN 979-11-88568-82-6 (set)

🎧 **MP3 다운로드** www.hawoo.co.kr 접속 후 '자료실'에서 다운로드